U0135316

浦东史话
三百题

潘建龙　著

上海古籍出版社

图书在版编目（CIP）数据

浦东史话三百题／潘建龙著. —上海：上海古籍
出版社，2022.8
  ISBN 978 - 7 - 5732 - 0321 - 2

  Ⅰ.①浦…　Ⅱ.①潘…　Ⅲ.①浦东新区—地方史
Ⅳ.①K295.13

  中国版本图书馆 CIP 数据核字（2022）第 107561 号

浦东史话三百题

潘建龙　著

上海古籍出版社出版发行

（上海市闵行区号景路 159 弄 1 - 5 号 A 座 5F　邮政编码 201101）

（1）网址：www.guji.com.cn

（2）E-mail：guji1@guji.com.cn

（3）易文网网址：www.ewen.co

常熟市文化印刷有限公司印刷

开本 635×965　1/16　印张 19.75　插页 2　字数 256,000

2022 年 8 月第 1 版　2022 年 8 月第 1 次印刷

ISBN 978 - 7 - 5732 - 0321 - 2

K · 3181　定价：128.00 元

如有质量问题,请与承印公司联系

打开这本书

开始认识浦东

写 在 前 面

——一个浦东人的叙述

哲学之问：我是谁，我从哪里来，我到哪里去？

我是潘建龙，我从浦东来，我在浦东生活学习和工作。

浦东是我出生的地方，我与浦东一起走过六十多个春夏秋冬。

岁月能够磨灭许许多多的经历，亦会沉淀挥之不去的记忆。

1968 年冬日，东海边天空阴沉，寒风在耳边嘶鸣，川沙县 3 万多围海造田农民的热情在江镇、施湾外的海滩激荡涌动。16 岁的我肩挑筑堤的泥块努力着向上攀登。

1972 年 4 月，我骑着自行车从老家杨家镇出发，途经杨高路、高行古镇，前往外高桥头、长江口处。一路上，轻风拂面，杨花飞舞。油菜花田一片又一片连接天边，满眼是黄与绿的交织点缀。站立长江口、东海岸，碧浪翻卷，江鸥击水，那时那景历历在目。

1982 年 8 月 9 日傍晚，我在家拿起《新民晚报》，读到《张杨路将建成"南京路"陆家嘴将建成"新外滩"》消息后，油然憧憬起家乡的美好远景。

1990 年春天，当我路过浦东大道，注目 141 号那幢小木楼挂着的"上海市人民政府浦东开发办公室"的铭牌时，意识到浦东进入了一个新时代。

1992 年，我走进地方志办公室，从事地方文史资料的挖掘收集整理工作。在编辑《浦东年鉴》《浦东新区志》、撰写有关浦东的文史作品中，对于浦东有了更深刻更全面的理解。

我曾经在最初的 250 米滨江大道样板段流连摄影,曾经陪同外省市同行参观外高桥保税区内的浦东第一条室内步行街;曾追寻从陆家嘴迁出的立新船厂、从世博园区搬迁的上钢三厂去了哪儿;曾追寻开发园区内生产车间的第一声轰鸣、商品要素市场由七家变成一家和外资银行迁入浦东的故事……

我退休后撰写《浦东开发开放录》,期间萌生编写一本有关浦东历史、现状与发展的通俗读物的想法。经过近一年时间,完成了《浦东史话三百题》的撰写。

《浦东史话三百题》以方便读者阅读为宗旨,以浦东开发开放为重点,围绕浦东的形成、发展、现状选材。在漫长的历史长河中,采撷 300 余个题目,基本涵盖了自然地理、建制沿革、浦东开发开放、产业经济、城乡建设、社会发展等方面。在每题的编辑上,篇幅一般在三四百字左右,各题内容既相对独立,又有内在联系。读者既可浏览全书,又可选择任何一题阅读。从某种意义上说,《浦东史话三百题》是一部浦东发展变迁的通俗简明读本。

浦东从哪里来,浦东是什么? 希望我的小书能够回答。

浦东将到哪里去? 我无法回答,但是我定将与浦东同行向前!

在撰写出版《浦东史话三百题》过程中,得到了我的工作单位领导、同事以及众多朋友的热切关心与帮助,在此表示衷心的感谢。我也深知本书还存在许多不足之处,敬请读者批评指正,谅解包涵。

作　者

2021 年 4 月

目 录

第三辑　红色记忆

第四辑　开发开放

第五辑　产业经济

第六辑　城乡建设

第七辑　科教卫体

第八辑 文化生活

第一辑　自然地理

积沙成陆
依江傍海
处浩瀚太平洋之西岸
踞中国南北海岸线中点

一条条海塘
见证浦东成陆
是浦东人民御水护土
捍卫家园的丰功伟业

1. 浦东大地海中来

伟大的文学家苏东坡面对滔滔长江浩叹:"大江东去,浪淘尽,千古风流人物。"世界第四大河长江淘去的不仅仅是风流人物,还有从青藏高原、金沙江、四川、长江流域一路排山倒海、滚滚向前冲刷下来的泥沙。宝贵的泥沙在长江口长年累月地积聚,在潮汐的顶托下慢慢地升高、拓展,于是就有了上海,有了浦东平坦的大地。

沧海变桑田,是浦东成陆过程的最好诠释。

翻开长江奔腾的历史。7 500 年前,长江还在镇江、扬州一带入海,东海潮汐还在方泰—松江—金山一线海岸徘徊叹息。

阅读上海崛起的过程:6 000 年前海岸线在外冈、徐泾、马桥、邬桥、漕泾一线。到了 1 700 年前,海岸线移到盛桥、月浦、江湾、北蔡、周浦、航头、塘外一带。又过了六七百年,海岸线推至高东、顾路、川沙、六团、惠南、四团一线。

时间无语,沧海无垠。又过去了大约三四百年,浦东的海岸线终于推到了东海、万祥、彭镇一带。浦东大地轮廓基本形成。

从唐代开始,历代民众不断在沿海一带修筑海塘,以防海潮倒灌。浦东人常常称东海边为"东海滩"。一个"滩"字,道出了浦东滩涂不断生长的现状和浦东大地不断扩张的客观事实。

2. 唐宋遗址今犹在

1975 年 11 月 25 日,严桥公社在开挖南张家浜时,发现一处唐宋村落遗址(位于杨高南路与乳山路交会处)。在遗址深 3.5 米处发现约 3

厘米厚灰层。灰层以下 4 米左右,出土大量唐代器物。器物中有器口内外施茶绿色釉的瓷碗,其中一种敛口、坦腹、平底,与浙江瑞安齐梁墓中出土的相近,与江苏如皋唐高宗时期(650—683 年)木船中所发现的一致,属于唐代早期形制;另一种是敞口、坦腹,腹壁斜直的平底瓷碗。此碗在上海松江石经幢(唐大中十三年[859 年]建)附近的唐代地层中也有出土,与广州唐大中十一年姚潭墓出土的瓷碗很相似。此外还发现黑衣灰陶缸、青釉瓷罐和黄釉瓷盆的残片,以及砺石、石锤、陶纺轮、牛头骨等。根据地层和出土遗物的时代特征,可以断定此地是一处唐至宋时的村落遗址。严桥遗址东距 1 700 年前的盛桥、月浦、江湾、周浦、北蔡海岸线仅 1 000 余米,由此说明此地在唐代已经成陆,并且有人居住。

3. 川杨河底现唐船

1979 年 12 月 12 日,在北蔡人民公社五星大队第十二生产队三宅头黄家宅南开挖川杨河的工地上,工人挖掘出古代木船一条。古船埋于吴淞水准零点以下 95 厘米处,距地表 4.6 米。经考证,古船系废弃木船。舱内遗留鹅卵石二枚、唐代开元通宝钱一枚及一残角、火烧土一块。古船出土时,船身向东倾斜,右方船舷尚有大部分,船头部残缺顶端,船尾已经破断。舷侧板表面有火烧炭痕迹,尾部舱面的积炭厚 3 厘米。古船残体结构十分简单,未见舵、碇、桅、桨、篷、篙等附属设备,也未见隔舱板、面梁和上层构造。经碳十四测定和上海博物馆专家分析,古船被认定可能制造于隋代,至唐朝武德年间还在使用。同济大学海洋地质系微古室分析出地层土样后,认为"这里海相性最强,有孔虫说明当时水较深,盐度较高,木船似沉在海滩上,不是沉在已经成陆的小河内"。川杨河古船的出土再次证明,浦东西部地区在唐时已经成陆,并且出现了最早的浦东人、最早的浦东海塘。

4. 御水护土筑海塘

在十分漫长的农业社会里,修筑海塘、御水护土是浦东黎民百姓赖以生存的手段。谁能想象现代化的浦东国际机场的一部分,在 60 年前还是一片汪洋大海。谁能想象小小的黄家湾在千百年的海岸线巨变中,岿然不动,成为老护塘、钦公塘、人民塘三塘的聚集点。明代海塘黄家湾以北,逐条逐段塌入海中,岸线不断后退。黄家湾以南,滩涂东张,拓展至今。

一次次筑塘,是浦东人民向大海索地的壮举,是浦东大地不断扩张的写照。据史书记载,唐朝开元年间修筑的捍海塘,从北至南经过花木、北蔡至下沙达航头。然而开元捍海塘毕竟离我们实在太遥远,遥远得没有给我们子孙后代留下一点一滴可以凭吊的踪影,只有查阅浦东方志,才能在今日花木、洋泾地区找到"咸塘浜""海塘浜""海塘杨家宅"(此类地名在浦东开发后消失)等值得深思和惆怅一番的地名。随着海岸线的东移,一条条海塘亦步亦趋,向东筑去。老护塘、钦公塘、人民塘成为浦东三条最著名的海塘。

5. 宋代皇祐老护塘

皇祐老护塘亦称旧瀚(捍)海塘、老护塘。明万历十二年(1584 年)修筑外捍海塘以后,又称内捍海塘。宋绍熙《云间志》载:"旧瀚海塘,西南抵海盐界,东北抵松江,长一百五十里。"系北宋皇祐四年至至和元年(1052—1054 年)吴及任华亭县令时所筑。据郑獬《郧溪集》所载《户部员外郎直昭文馆知桂州吴公墓志铭》曰:"知秀州华亭,俱有能名……在华亭,缘海筑堤百余里,得美田万余顷,岁出谷数十余万斛,民于今食其利。"《云间志》所指"海盐界"即今金山与平湖市交界。"松江"即吴淞江故道出海口的老鹳嘴(据曹印儒《海塘考》)。按现代测量,长度不止150里,但据清光绪《松江府续志》所附海塘图,以每方格十里的古代计算方法,则与《云间志》所载完全吻合。明成化七年(1471年)秋,大风海溢,海塘(老护塘)倾圮。次年,巡抚都御史毕亨委托松江知府白行中等督工重修老护塘。东自嘉定界(今浦东高东黄家湾),西抵海盐,修筑五万二千五百一十七丈。此后,东部滩涂淤涨,海岸线外移。明万历年间塘外又筑海塘后,此塘在浦东成为南北交通要道。1970年代前遗址尚存,北起黄家湾(原起点老鹳嘴已于明代坍入海中),向南至顾路、曹路、龚路、川沙、惠南、大团折而向西,经奉城至华家角。1977年开挖浦东运河后,浦东川沙县段已废弃不能通行,南汇、奉贤段成为公路路基。

6. 钦琏领筑外海塘

钦公塘位于川沙、南汇两县境老护塘东1—2.5公里,北起黄家湾,南经合庆、蔡路、江镇、施湾、黄路至奉贤、南汇两县交界的五墩涵水庙,与皇祐老护塘相接。相对于老护塘,后人又称其为外捍海塘。明万历十年海溢,潮过捍海塘丈余,漂没人畜无数。万历十二年由上海(今川沙、南汇在明代属上海县辖境)知县颜洪范主持修筑,南汇境内长九千二百五十余丈,高、厚与老护塘同。清雍正十年七月,又遭特大风潮,海塘多处决口,老护塘外一片汪洋,民死亡达十之七。巡抚乔世臣奏请发帑修筑,以工代赈,并调已离任的南汇知县钦琏复任主持塘工,自雍正十一年正月起,至七月竣工。群众感念其功,遂改称"钦公塘"。清乾隆十三、十四年(1748年、1749年),再次修缮钦公塘,加高加宽塘身。此后海滩外涨,该塘化险为夷。民国二十三年(1934年),川沙境内小营房一带已辟为公路,而塘身至新中国初期尚较完整。1972年,此塘全线改建为川南奉公路。

严桥唐宋遗址出土的瓷壶(左图)和双鱼瓷壶(右图)

开挖川杨河时发现的唐代木船

老宝山城里的城隍庙(2001年)①

人民塘高东镇段(1984年)

7. 风急浪高遭潮灾

1949 年 7 月 24 日(农历六月二十九日),浦东刚刚解放,六号强台风袭击浦东沿海,最大风速达到每秒 39 米,风力 12 级。时值汛期,又遭暴雨,在台风、暴雨、大潮的疯狂冲击下,浦东海堤全线失守崩溃。从高桥三岔港至大团百余里海塘冲出缺口 110 多处。钦公塘外一片汪洋,人民生命财产遭受严重损失。

据《南汇县志》记述,二灶港南面地段,冲开缺口宽有四五米。居民 55 人死亡,61 间房屋被冲毁 59 间。四南村 73 户中淹死 55 人。金洪盛一家死 8 人,陆番宝全家死亡,书院乡中久村的 172 户中死亡 73 人……农民阿昌半夜发现海水进入房中,时水深已有一尺,急忙呼老唤幼,想坐小船逃离,后来因为要搬取 3 袋麦子,稍一耽搁,巨浪打来,把有孕在身的妻子及年幼孩子卷走。阿昌爬到屋顶,才幸免于难。灾后查证:此次潮灾受灾面积 17.5 万亩,死亡 1 211 人,淹死牲畜 2.67 头,冲塌房屋 1.8 万余间,漂没粮食 138 万公斤,流离失散人口 3.57 万人。

新中国建立后,经历次修筑海塘,海潮侵袭的灾难再也没有发生。

8. 人民塘连川南奉

人民塘北起吴淞口东岸,经川沙、南汇县境,至奉贤县柘林夹路村,全长 112.26 公里。

1949 年 7 月 24 日至 25 日,在台风、暴雨、高潮的猛烈袭击下,高桥海塘及川沙、南汇境内的陈公塘、李公塘、袁公塘、预备塘等海塘决堤,80 余公里海塘被损 50 余公里,南汇东滩塘身被冲垮 10 余公里,全线缺口 110 余处。海潮汹涌,直逼钦公塘脚。钦公塘外一片汪洋。灾情发生后,华东局第二书记、上海市市长陈毅号召上海各界人民抗灾抢险,并成立上海市军管会高桥海塘抢修委员会,市工务局局长赵祖康兼任主任,具体组织抢险工程,以工代赈,修复高桥海塘。时川沙、南汇属江苏省,其抢险工程同时进行。高桥海塘抢险工程于 7 月 31 日开工,至 8 月 6 日,除炮台浜一处外,其他 20 余处缺口全部抢堵完成。炮台浜缺口与当地主要河道吴家湾相通,涨落潮水势湍急,冲刷剧烈,两次抢堵均告失败。8 月 29 日,陈毅市长亲临视察,鼓励工程技术人员总结经验教训,在中秋大汛前完成抢堵。市工务局邀请著名水利专家茅以升、关富权、孙辅世、汪胡桢、施孔怀、黄炎等共商对策,制定沉排堵口方案,第三次抢堵终获成功。川沙、南汇境抢险工程先后于 8 月 17 日和 9 月 8 日基本完工。在实际施工中,川沙段海塘,在陈公塘、李公塘和袁公塘基础上修筑;南汇段基本上在袁公塘、李公塘和预备塘原址上加修加固。

10 月 6 日中秋节,在南汇海塘工地举行验收庆功大会。陈毅市长和松江地委书记张彦、专员顾复生出席。大会一致同意陈毅市长的建议,命名修复后的海塘为"人民塘"。

9. 海塘集镇列南北

为拓展浦东大地并抵御海潮侵袭的海塘筑成后,渐渐地成为浦东地区南北的交通要道。随着南来北往行人的日益增加,在海塘上每隔三四里的路口处慢慢形成了大小不等的集市。

在老护塘上,由北往南逐渐出现了徐家路口、顾家路口、曹家路口、龚家路口、护塘街等集镇。在钦公塘上由北往南形成了合庆、蔡家路口、江家路口、施家路口、祝家桥等集镇。后来这些带有路口名字的集镇,渐渐地简化为徐路、顾路、曹路、龚路、蔡路、江镇等。许多镇还先后成为浦东地区的行政区划名称,比如顾路人民公社、顾路乡、曹路镇,合庆人民公社、合庆乡、合庆镇,江镇人民公社、江镇乡等。

老护塘曾经是国家海防要地。塘上筑起墩汛,以此举烽火而报海警。自南而北有一墩、二墩、三墩……至黄家湾共计十七墩。随着岁月的推移,有些墩处逐渐集聚成市,于是出现了三墩、十一墩等街镇。至民国,这些突兀的墩址大多已夷为平地。除了路口和墩汛形成的集镇,还有一些集镇以海塘的走向弧度(湾度)命名,如大湾镇、小湾镇、六团湾镇等。小湾镇曾经是老护塘上一条南来北往熙熙攘攘的长街,有米行、木行、布庄、药店、油坊、鱼行、轧米厂等。1950年代,合庆区人民政府、虹桥人民公社机构先后在此办公。随着老护塘交通要道功能的丧失,政府机构的迁出,历时300余年的小湾镇一天比一天冷清、一天比一天衰落。

10. 海中沙洲九段沙

《川沙年鉴1993》(第22页)对九段沙有着较为详细的记载:"70年代,九段沙与铜沙只见沙影,尚淹没在海平面下。80年代始,每到秋冬枯水季节,两沙开始露出海面,呈小岛状,横亘在长江口门附近。从三甲港向东南眺望,即能清晰可见。这是一笔潜在的海滩资源财富。"此书还记述了九段沙和铜沙的走向、位置和面积:"九段沙的长轴方向与长江主流方向一致,呈西北、东南方向,长约19公里,宽约10公里,面积约190平方公里。在九段沙东北约7公里处有一铜沙浅滩,长轴方向与长江南支北港的主流方向一致,呈北西、东南向,长约9公里,宽约8公里,面积约72平方公里。"

1995年7月9日,《新民晚报》第一版刊出谈缨、潘建龙撰写的《浦东身"架"大增,近海冒出两大岛屿,面积相当半个新区》的新闻,一时将九段沙的关注度推向高潮。从此,九段沙进入社会、政治视野,保护九段沙工作提上议事日程,并成立了专门的九段沙管理署。2005 年 7 月,国务院批准建立"上海九段沙湿地自然保护区"。

11. 六团宝山虎出没

明正统十二年(1447 年),川沙镇东南六团湾畔出现虎患。清初李延所著《南吴旧话录》记其事:一只白额大虎渡海流窜至川沙海滨地区,吃掉牛马百余只,伤害十多人。滨海居民从来没有见过老虎,相互告诫,不敢擅自出门,路上行人几近断绝。消息传到了金山卫指挥侯端那里。侯指挥笑着对身边的人说:"老虎自己送死来了,我一定除掉它!"一天,他跨上战马,来到老虎出没的地方。突然林中传来虎啸之音,身下坐骑吓得伏地不起。侯端翻身下马,手持打虎棍等候老虎前来。不一会儿,老虎呼啸着从林中窜出,随从兵丁大惊失色,纷纷后退。侯端镇定自如,一人向前与虎周旋搏杀。仅仅几个回合,侯指挥棍挑虎腰,将那虎高高挑起,又狠狠摔到地上。只听见老虎一声惨叫,翘起尾巴坐地不动。这时,兵丁们还不敢上前,其实此时老虎已经被侯端摔死。兵丁欢天喜地,将老虎拖至近处墩汛剥皮屠宰。此时有人提议,将虎皮献给上司。侯端摇了摇手说,"杀死一只老虎,怎么能显示出勇敢呢?等到上司问起此事,再呈上虎皮也不迟啊。"后人勒石竖碑,上刻"侯端杀虎处"(今已毁)。从此,杀虎墩之名代代相传。

浦东有虎的记载并不仅仅限于《南吴旧话录》,清人沈征所著《江东志》中也记载着浦东北部老宝山有老虎出没的事略。明英宗正统二年(1437 年),不知从何处来了两只白额老虎盘踞宝山,周围五六十人丧生虎口。吴淞千户王庆和县丞张鉴率领 10 余名打虎兵士前往宝山灭虎。这时的宝山风声鹤唳,草木皆兵,庙宇倾废,荒凉凄惨。官兵布下天罗地网,很快将两虎捕杀。事后张鉴作《宝山杀虎行》以志纪念:"怪哉山中白额虎,父子产育咸遁藏。有时跳跃周巍皋,轻健矍铄如逾塘。有时咆哮啸一声,怒音十里秋风狂。胡为不仁肆牙爪,缘村绕舍时纵横。啖人计已六十五,牛羊犬豕难算量。……爰遣壮士十余人,赳赳勇烈谁其当。雕弓引发白羽箭,铁骑森列罗刀枪。郡侯重民委莲幕,幕君切切食不遑。时我邑佐往从之,锐气浩浩虹霓长。平生读书事恭让,心亦怒之一奋攘。寻踪觅迹走林麓,驱逐攫杀如屠羊。吁呼号令殄民患,食其肉兮刳厥肠。行人聚观集如市,歌者快者声琅琅。居民从兹称乐业,鸡豚犬豕始安康。日出可作日入息,耕田凿井歌虞唐。祠堂再新祀事续,列山肴兮奠椒浆。海云五色照画栋,蜃气万丈连雕梁。吁嗟,恶兽已去弓矢藏,墨华湿透霜毫香。我歌一诗纪胜事,歌声激烈云飞扬。"虎患清除,宝山又恢复了往日的平和景象。

12. 江心沙洲成陆地

众所周知,浦东大地由长江上游冲刷入海的泥沙在长江入海口堆积形成。江心沙亦由黄浦江中泥沙,在潮汐的作用下,经日积月累的沉淀、淤积,渐渐推高露出水面所成。

清乾隆十年(1745年)成书的《宝山县志·县海塘营汛合图》上,已有江心沙的标注。因其沙洲形状如鼠,又名老鼠沙。在江心沙与陆地的融合过程中,除了自然的力量发挥作用,与上海开埠、《辛丑条约》签订、黄浦江航道的改造也密不可分。光绪二十七年(1901年),奕劻、李鸿章代表清廷在北京与英、美、法、德、俄、日、意、奥、西、荷、比11国公使在《最后议定书》(即《辛丑条约》)上签字。条约共十二款,十九个附件。其中第十一款第二条规定设立黄浦河道局,经营、整理、改善黄浦河道,并且在附件(十七)中对机构设置、人员、经费等做出具体说明。光绪三十一年九月初六(1905年10月5日),光绪皇帝在南洋大臣改订修浚黄浦江航道条款的奏折上朱批"知道了"。同年12月26日,上海浚治黄浦河道总局(即为后来的开浚黄浦河道局,简称浚浦局)正式设立。① 浚浦局一经成立,按轻重缓急,先后筑吴淞导堤,开建(疏浚)高桥新航道。新航道建设与江心沙的成陆密切相关。由于江心沙的崛起,在黄浦江下游、吴淞口附近形成东西两条水道。

浚浦局采取挖深西侧水道、堵塞东侧水道的方法浚深黄浦江航道。首先在江心沙南端天灯口东侧筑坝阻流,使其与陆地相连。同时拓深西侧水道,并将挖出的泥沙填塞东侧水道。历时四年,宣统元年三月十六日(1909年5月5日),吃水6.7米的英国巡洋舰"阿司脱雷"号,首先通过新航道。那时曾命名新航道为"公平女神"航道。老航道(即原轮船道)于同年12月起被拦坝堵塞。至宣统二年二月,新航道已增深至5.18米,最狭处近91米,江心沙的整治和新航道的开辟即告完成。随之江心沙大部区域与陆地相连融合。由此"江心沙"作为江中之洲从上海行政区划地图上消失了,只留下一条"老黄浦江"和一条江心沙路告诉后人:"江心沙来自黄浦江中!"

13. 黄浦一江分东西

明洪武年间,上海第一大河吴淞江"菱芦丛生,河道淤塞",许多河段近似平地。永乐元年(1403年),苏松水患。吏部尚书夏元吉奉命赴

---

① 2019年4月12日,"上海浚浦局"入选由中国科协调宣部主办,中国科协创新战略研究院、中国城市规划学会共同承办的"中国工业遗产保护名录(第二批)"。入选理由: 由《辛丑条约》规定设立的近代上海港主持航道管理和整治的机构,为上海港成为世界大港提供了重要保障;定海路桥是上海市区内第一座黄浦江上的桥梁。

上海地区治水。夏尚书采纳上海人叶宗行(今上海闵行区浦江镇叶家行人)建议,开通范家浜,上接大黄浦,中汇吴淞江,下连南跄浦口(今吴淞口);引导淀山湖一带众水改由范家浜东流,至吴淞口注入大海。

开挖范家浜工程于永乐元年开始,翌年九月结束。征用民工20多万人,开挖河道一万二千丈,河面阔三十丈。此后众水汇流,水势湍急,不浚自深自阔,河面不断扩大至"横阔二里余"的黄浦江。范家浜浚治之后,"水势遂不复东注淞江,而尽纵浦水以入浦,浦势自是数倍于淞江矣",从而形成"黄浦夺淞"的地理形态。至明嘉靖元年(1522年),黄浦江水系全面形成。从此上海地理格局为之一变,以黄浦①一江为界,有了浦东、浦西之分野。

清末,三林人秦荣光《竹枝词》记述了黄浦江的变迁:"陆家嘴北范家浜,明夏尚书浚阔长。今日试寻浜旧迹,中央一片浦汪洋。""江浦通流自范浜,浦潮湍急力弥强。陈家参政坟何在,两岸田坍莫计方。"

14. 居民聚落逾四千

1990年代初,浦东有大大小小居民聚落4 089个,包含里弄、新村(居住小区)和农村地区的自然村落。农村自然村落共有3 600余个。浦东农村的自然村落呈现密度高、规模小的特点。一般村落规模都在数十户,百余人上下。时过境迁,浦东开发,大批土地被征用,众多村落被拆除,至2020年,在中环线以内,自然村落除北蔡镇中界村有部分自然村存在外,已全部消失。

从1950年代初期起,在沿江地区开始建设工人新村,至1990年代

① 黄浦之名,始见于南宋绍兴二十八年(1158年)高子凤为西林(今浦东三林镇西)南积教寺所作的《碑记》中。南宋时期的黄浦,乃指今闸港迤北向一段,为吴淞江的支流。元末明初,闸港以北统称"大黄浦",清代始名黄浦江。

初,建成新村 30 余个,其中规模较大的工人新村有崂山、梅园、上钢、乳山、竹园、德州、临沂、潍坊①等。在川沙县的城厢镇(后更名川沙镇)、高桥镇、杨思镇、洋泾镇同时建有规模相对较小的居民新村。

15. 盐业遗址灶与团

浦东地处海滨,宋、元、明时期盛产海盐。宋时,上海东南地区盐场相望,盐田相接,设有浦东、袁浦、青村、下砂、南跄五大盐场,成为宋、元、明三朝重要的税收来源。明代后,随着长江入海口南移,海水含盐量下降,浦东盐业逐渐衰落,产量锐减。1984 年,位于奉贤县的最后一个盐场关闭了,然而与盐业运输和生产组织有关的港、灶、团等许多地名还保留至今,如运盐河、八灶港、六灶港、大团、六团、七团、三灶、四灶、六灶、下沙、盐仓、新场等。流传至今的竹枝词云:"洪武三年运盐使,下沙场统九团乡。直从正统三场析,每辖三团是一场。""护塘内港运盐河,灶港之东泛绿波。自一团延九团止,盐艘出入必经过。"

16. 陆家嘴名缘何来

浦东开发开放前,陆家嘴作为一个自然片区名存在。明永乐年间,在黄浦江水系形成过程中,浦江之水由南向北在此与吴淞江水汇合后,折东北流入大海。长年累月,在水道转折处,逐渐形成向外突出的嘴形滩地。时著名文人陆深(号俨山)家族居此,故逐渐被人称之陆家嘴。所以陆家嘴得名源于地理特征加居住姓氏。

---

① 临沂、潍坊新村到 90 年代初才全部建成。

民间相传有"陆家嘴上看潮头"之说。此"潮头"即为"沪上八景"①之一的"黄浦秋涛"。每年秋汛，浦江波浪滚滚，气势宏大。八月十八这一日，众人前往陆家嘴观看黄浦潮头成为沪上一景。上海竹枝词云："十八潮头最壮观，观潮第一浦江滩，银涛万叠如山涌，两岸花飞卷雪湍。"清初张吴曼从浩如烟海的唐诗中搜集佳句，吟咏八景，其中《黄浦秋涛》为"江色分明练绕台（陆龟蒙），水天东望一徘徊（罗隐），风翻白浪花千片（白居易），涛似连山喷雪来（李白）"。之后，由于黄浦江下游海滨沙涨地扩，陆地向东北延伸，海潮倒灌入江之势趋缓，此景逐渐消失。

17. 河流交织如蛛网

浦东依江傍海，河道纵横交织，是名副其实的水网地区。1985 年，川沙县境内河流密度还能达到每平方公里 8.54 公里，共有大小河流 9 443 条，桥梁 4 250 余座。主要河流 24 条。南北向主要河流有三八河、马家浜、曹家沟、浦东运河、随塘河等；东西向主要河流有白莲泾、川杨河、张家浜、赵家沟、吕家浜等。据《川沙水利志》记载，1989 年川沙县仍有骨干河 11 条，总长 173 公里，支河 9 432 条，长 3 762 公里。上海县的三林乡有河流 20 余条，其中最著名的河道为三林塘港。

随着人口的增加，浦东开发进程的加速，一条条河道被利用填没，浦东的河道迅速减少。据《浦东新区环保市容局志》记载，至 2008 年，浦东新区共有河道 4 065 条（段），总长 2 276 公里，河道密度每平方公里 4.3 公里，并且大多分布于城市化地区以外的外环线之外区域。

---

①　"沪上八景"为黄浦秋涛、龙华晚钟、海天旭日、吴淞烟雨、江皋霁雪、石梁夜月、野渡兼葭、凤楼远眺。

18. 白莲泾畔卖红菱

白莲泾是浦东最著名的河道,也是黄浦江最主要的支流,更是浦东开发开放前最重要的运输水路。除了用于货运,1950年代之前还是川沙、南汇两县至上海市区的主要客运水道,行驶着载客的小火轮。白莲泾西起南码头南的黄浦江,东至牛角尖的三八河。在此白莲泾向东连接吕家浜、向东南连接长浜。白莲泾全长12余公里,河上曾建桥23座和套闸1座,在西端近黄浦江处设立白莲泾港区。浦东地区喜欢沪剧者众多,他们对于白莲泾的印象来自沪剧名剧《卖红菱》。剧中范凤英与初恋薛金春的对唱中提到了白莲泾:"客人勿怕要蚀本。""赚钿蚀本勿拉心,早卖脱红菱早转起(去)。""客人呀,吾听侬口音像浦东宁(人),吾想讨情门(问)个信。""大娘要门啥地方?""要门浦东白莲泾,落北有个薛家宅。"

19. 洋泾浜填留余音

洋泾浜横贯浦东、浦西。在浦东处连接洋泾港。后浦东段洋泾浜逐渐淤没。浦西段洋泾浜于1915年填没,上筑爱多亚路,即今延安东路。

洋泾浜虽已填没,但是有关它的竹枝词仍然没有消失:"曲曲栏槛短短堤,堤上闲游扶杖藜。遥指洋泾桥外路,过桥就是法兰西。洋泾浜订旧章程,两国分疆一水横。沧海桑田成惯例,更从无处觅泥城。洋泾浜畔两租界,水上主权载约章。英法合谋乘我隙,填浜筑路扩商场。洋泾浜语略能知,最好西人购物时。便得从中施伎俩,少停两面索酬资。"

除了竹枝词,有些洋泾浜英语还保留在上海闲话中:来是"康姆",去是"谷",廿四铜钿"吞的福";是叫"也司",勿叫"拿",如此如此"沙咸鱼沙"（So and so）；真崭实货"佛立谷"，靴叫"蒲脱"，鞋叫"靴"；洋行买办"江摆渡"，小火轮叫"司汀巴"；"翘梯翘梯"请吃茶，"雪堂雪堂"请侬坐；烘山芋叫"扑铁秃"，东洋车子"力克靴"；打屁股叫"班蒲曲"，混账王八"蛋风炉"；"那摩温"先生是阿大，跑街先生"杀老夫"；"麦克麦克"钞票多，"毕的生司"当票多；红头阿三"开泼度"（Keep door），自家兄弟"勃拉茶"；爷要"发茶"娘"卖茶"，丈人阿伯"发音落"。

洋泾浜英语的产生与租界有着密切的关系。上海租界设立后，原来在香港、澳门、广州以及南洋的洋行纷纷在上海开设分支机构，随之一些作为买办和职员的广东人也到了租界。他们用粗通的夹杂着本地语言的英语充当贸易中间人，达到双方能够听懂理解为止，于是在洋泾浜附近出现了一种语法不准、带有中国口音的英语，称为"洋泾浜英语"。以后随着宁波商人的大量涌现，逐步以宁波方言发音来注音。

20. 区域面积不断增

1927 年 7 月，上海从江苏省析出成为特别市。新成立的上海特别市由上海县、宝山县划出的 17 乡市及公共租界、法租界组成，总面积 494 平方公里，其中浦东部分 6 个乡市，面积 158.58 平方公里，占全市总面积的 32%。按照当时民国政府为上海特别市设定的行政区划范围，原本还应划入上海县位于浦东的三林乡。1958 年 8 月，浦东沿江地区的东郊区与东昌区合并建立浦东县，面积 158.85 平方公里。1993 年 1 月 1 日，浦东新区成立时，浦东面积 522.75 平方公里，分设 11 个街道、27 个乡。2009 年 8 月，南汇区正式并入浦东新区，浦东面积增加至 1 210.41 平方公里，[①]占上

---

① 关于南汇区并入后的浦东新区面积另有一说，据《南汇年鉴》编纂委员会编《南汇年鉴 2009》（2009 年 7 月第 1 版）第 19 页：南汇区全境面积 860.10 平方公里，因此加上 569.57 平方公里，应为 1 429.67 平方公里。

海市总面积的 **19.09%**,分设 13 个街道、25 个镇,分别是陆家嘴、潍坊新村、塘桥、洋泾、金杨新村、沪东新村、南码头路、上钢新村、周家渡、浦兴路、花木、东明路、申港 13 个街道和川沙新镇、高桥、高行、高东、曹路、张江、合庆、金桥、唐镇、北蔡、三林、惠南、周浦、康桥、航头、新场、六灶、宣桥、祝桥、大团、万祥、老港、书院、泥城、芦潮港 25 个镇。

21. 浦东运河流三县

浦东运河是位于浦东地区,由北向南、折而向西的上海市骨干河道,全长 87 公里,其中川沙县段 27.5 公里、南汇县段 19.3 公里、奉贤县段 40.2 公里。在南汇与奉贤两县交界处,河身尚未衔接。1990 年代,奉贤县段改称浦南运河。

浦东运河是在原运盐河和护塘港基础上截弯取直、疏浚改造而成。1958 年,奉贤县疏拓西段。1961 年、1973 年,南汇县分段疏拓中段。1977 年,川沙县开挖拓宽北段,1986 年冬向北延伸至高东乡沙港村。各县各自为政,河道断面不规则,河底宽 8—30 米,河底标高 -1—0 米。浦东运河受益农田 36.5 万亩,通航等级 40—100 吨级。由浦东运河贯通连接的河道:东西向有赵家沟、张家浜、川杨河、江镇河、六灶港、新闸港(惠新河)、中港河和石皮勒港等;南北向有巨潮港、沙港、竹港、横泾港、金汇港、航塘港、奉新港、南门港和四团港等。

22. 一条大河通江海

纪念川沙立县 80 周年之际,一首县庆主题歌在川沙大地唱响:"东海之滨,川杨河旁,翻卷时代的巨浪,勤劳的人民豪情满怀,改革的步伐势不可挡,开发浦东,振兴川沙,我们的前程灿烂辉煌!"

歌词里的"东海之滨,川杨河旁"成为川沙县的两个最显著的地理特征。时过境迁,还能有多少人记住这首歌?然而川杨河依然默默流淌,滋润着浦东大地。

川杨河全长28.7公里,横贯浦东大地。河东端在蔡路三甲港处通东海,西端在杨思连接黄浦江,从东往西流经蔡路、城镇(川沙镇)、唐镇、孙桥、张江、北蔡、六里、杨思8个公社,是川沙县历史上规模最大、参与劳力最多、质量标准最高的水利工程;也是到那时为止,川沙历史上投入资金最多的建设工程。

川杨河开挖工程分东西两段实施。1978年11月20日,东段工程动工开挖。经过整整2个月的日夜苦干,于翌年1月20日基本完工。1979年11月25日,西段工程破土动工。1980年1月15日,历时51天的西段工程竣工。在完成开挖河道土方工程之时,29座横跨川杨河两岸的桥梁同时建成,包括川北公路、上川公路、川南奉公路(今东川公路)等7座公路大桥、2座水闸桥和20座拖拉机路桥(亦称农桥)。同时完成的还有位于川杨河东西两端的三甲港节制水闸和杨思港船闸和节制水闸工程。

23. 上海最大人工河

大治河是上海市郊区最大的人工河,1977年开挖,1979年完工。大治河西起黄浦江,东至东海,全线径直,全长39.543公里,流经南汇和上海两县,在南汇县境内长30.94公里。

大治河河床标准底宽64米,底高吴淞-2米;河面宽102米,边坡1∶3。横跨大治河上有公路桥6座、拖拉机桥7座。工程经费总额 5 634.09 万元,其中,上海市拨 4 559.48 万元,县拨 480 万元,公社支出 165.46 万元,大队支出 319.48 万元,生产队支出 109.67 万元。耗用水泥 2.2 万吨、钢材 0.45 万吨、木材 5 600 立方米、砖瓦 7 000 万张(块)、竹梢木棍 140 万支、毛竹 13.5 万支和油毛毡 3 万卷。

工程分三期进行。第一期从 1977 年 12 月 1 日至 1978 年 1 月 26 日。日出勤 10 万人,出动汽车和中型拖拉机 303 辆、手扶拖拉机 1 668 辆、手推车 5 226 辆。第二期从 1978 年 2 月 20 日至 4 月 15 日。日出勤 5 万人,出动中型拖拉机和汽车 175 辆、手扶拖拉机 1 196 辆、手推车 3 462 辆、绳索牵引船 387 条。第三期从 1978 年 11 月 25 日至 1979 年 1 月 18 日。日出勤最高人数为 17 万人,出动中型拖拉机铲运车 436 辆、小型拖拉机装运车 2 243 辆、手推车 11 987 辆、绳索牵引船 5 820 条。开挖大治河总计工期 166 天。

24. 长江口处多鱼汛

1960 年代前,在夏、秋两季汛期,位于长江口的高桥地区经常会出现一定规模的鱼汛。1955 年 10 月 11 日早上,正值秋汛期间,地处长江口的高东乡牌楼宅(高东珊黄村三队、四队)外的海滩上,出现了当地历史上从未有过的大鱼汛。约 1 万平方米的插网区域内到处是鱼,竟然捕捉到青鱼、白鱼、鲢鱼等鱼类 500 多担(5 万多斤)。虽然捕捉到了这么多担鱼,但还是因为来了潮水,剩下的大约半数鱼来不及捕捉而放弃。

又据《川沙县志》记载,1959 年夏天,高桥人民公社新建大队在王家浜外海边捕获一条大黄鱼。大黄鱼长 1.5 米,重 78 公斤。此后由上海市鱼品加工厂制成标本,送上海自然博物馆陈列展出。

25. 围海造田新建圩

1968 年秋收后,川沙县革命委员会组织全县 26 个公社的 3 万余农民,前往江镇和施湾人民公社人民塘外的滩涂围海造田。历时 3 个多月的日夜奋战,期间克服决堤、连绵冬雨等困难,终于在 1969 年 2 月,修筑起一条长 6.3 公里的海堤,围垦面积 3 715 亩。之后动员川沙县北部地区的人员(农民)和附近江镇、施湾居民迁入定居,从事种植业和养殖业经营,并成立川沙县新建人民公社,下设 3 个生产大队。不久,在 1971 年春天,新建人民公社建制撤销,划归施湾公社管理,分别成为施湾公社下辖的新建一大队、新建二大队和新建三大队。浦东国际机场工程项目建设后,居民动迁,建制撤销,此处成为浦东国际机场场址。

位于老护塘上的小湾镇(1997 年)

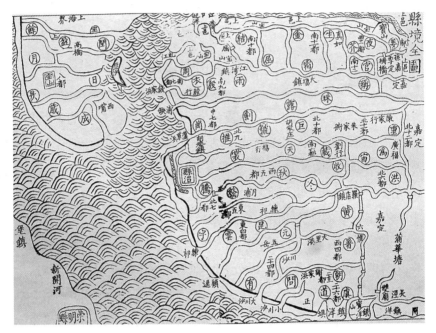

清乾隆十年成书的《宝山县志·县海塘营汛合图》上已有江心沙的标注

浦东北端三岔港（2010年6月）

华夏公园雪景(2008 年 1 月 28 日晨)

26. 浦东之南芦潮港

芦潮港临东海,位于浦东最东南部的杭州湾口。1930 年代,在这一带海边居住生活的村民以下海捕鱼为主业。此时湾口滩涂长满芦苇,出海捕鱼必须穿过丛丛芦苇,才能到达海上。时间长了,就在芦苇丛中踩出一条通道,人们形象地称之"路槽港"。"路槽港"直通海边,成为下海捕鱼的必经之路。"路槽港"渐渐成为一个与海、与鱼有关的地名。1949 年,以"路槽港"为主的南汇县出海捕鱼船有 60 艘,年捕鱼量 300吨。1960 年,在路槽港建造了 15 米宽的排涝挡潮闸。1962 年,因损坏严重而重建,上海市副市长宋日昌为水闸题名"芦漕港水闸"。从此,"芦漕港"又成为此地地名。后来,在此地设立的渔政站、水文站、公安派出所等管理机构,也都采用"芦漕港"之名。"芦漕港"是上海东南地区最大的出海口闸。改革开放后,鱼市、饭店、宾馆、渔具加工厂、冷库相继兴办。1985 年 3 月建立的"芦潮港开发区",成为上海市郊的第一个开发区。从此"芦漕港"地名演变成"芦潮港"。1987 年 2 月 12 日,芦潮港至宁波、舟山的航线开通。同年 4 月 3 日,上海市政府批准成立"芦潮港镇"。今天,芦潮港镇已纳入临港新城镇区域内。

27. 浦东北端三岔港

三岔港位于浦东新区最北端的黄浦江东岸,与黄浦江西岸宝山区吴淞镇隔江相望,是一处重要的地理标志,属高桥镇行政管辖范围。三岔港原名"三叉港",因河港呈三叉形而得名。最初成为渡口时,只有几条小舢舨往来运送过江客人。民国初年在此开设一家小茶馆。随着经济发展,过江往来者增多,在抗日战争时期形成集市。常住人口也逐年增多,发展成为以"三岔港"命名的行政村。现今此处仍然设有上海市轮渡公司经营的"淞三线"过江市轮渡口。渡口两侧沿江一线均为各大企业所经营的货运码头、货栈和船舶修理厂。三岔港北 500 米处有上海外环隧道通过。

28. 白龙港水成传说

白龙港位于合庆镇东海边,原为"凌家洪"出海口。清咸丰十一年(1861 年)建石砌水洞,与横沙岛隔海相望,设待渡公所,有客运帆船往来。1953 年 2 月 19 日,由横沙驶往白龙港渡口的长泰号帆船遇海上大风失事,前来川沙县参加会议的横沙干部和群众 53 人全部遇难。此后渡口撤销,横沙岛也从川沙析出划入宝山县。

"白龙港"之名由来,在川沙民间存有两种说法。一种说法是从前海水涨潮时,不断将白色的蚬子壳推入"凌家洪",退潮时,露出了铺满蚬子壳的河床。逶迤的河道在阳光的照耀下,白光灿灿,宛如一条横卧于田野的巨龙,生动逼真,活灵活现,人们遂将"凌家洪"改称为"白龙港"。另一种说法出自当地人的口口相传。很久以前的一天,"凌家洪"上空突然乌云四起,遮天蔽日,顷刻间大雨滂沱。雨稍息之间,天空忽现一条白龙从天而降,在一阵张牙舞爪、翻滚腾挪后,隐没黑云之中。随即,云开雨止,天晴日耀。未出数日,奇观之说传遍乡间。"白龙港"之名就此而起。

29. 此地曾经辟苗圃

洋泾苗圃辟建于 1953 年,位于浦东大道南、苗圃路的东西两侧。苗圃路因洋泾苗圃而得名。苗圃南侧有浦东新区公利医院。1985 年,洋泾苗圃占地 12 万平方米,后逐步扩大面积。除种植培育乡土树种外,洋泾苗圃曾先后从浙江、湖北、江苏等地引进白榆、水杉、池杉、墨杉、油橄榄、香樟等速生用材及材料树 56 种,繁殖后在川沙县境内推广。2002 年底,洋泾苗圃培植"东方杉"成功,其中 10 株移植至上海徐家汇广场。浦东开发后,洋泾苗圃土地被逐步征用,2003 年苗圃关闭。今天在此地建造了东方城市花园、洋泾花园城、旭辉雅苑等居住小区和沿街商业用房。

30. 轮船码头摆渡口

明初,随着黄浦江的形成,上海的地理形态发生了重大变化,以黄浦江为界分出了浦东与浦西两大地域,同时衍生出专门经营两岸交通的渡船。

随着时间的推移,在黄浦江上形成了著名的"八长渡",即老白渡、烂泥渡、陆家渡、高昌渡、南仓渡、永济渡、杨家渡和周家渡。清乾隆年间,浦东张江栅华海堂诗人张熙纯《夜渡黄浦》诗曰:"淅淅孤帆送,篷窗夜气澄。潮痕侵雁迹,荻影隐鱼灯。渐觉浦云涌,遥看海月升。无眠闻水调,愁共薄寒增。"

民国二年(1913年),浦东塘工善后局在浦东塘桥渡口修建木质码头,方便渡客上下。塘桥渡口一时成为上海、南汇、川沙三县百姓出入上海城区的主要通道。1920年代,每日渡江乘客有上万人,成为黄浦江上最热闹最负盛名的大渡口。此后,过江客渡逐步由民渡转为官渡。

1949年,上海市轮渡公司经营庆定线、其秦线、东东线、塘董线4条航线。1956年,黄浦江轮渡业实行全行业社会主义改造,由上海市轮渡公司统一经营管理。1978年,黄浦江渡轮航线有20条。1990年,浦东开发开放时达到21条,其中位于浦东新区境内有17条,另外还有位于南码头、民生路和东塘路的3条车辆渡。

31. 春日三月雪满天

1970年3月12日,已是惊蛰时节。柳枝吐露绿芽,春风扑面而来,人们开始享受春天的温暖。可是谁也没有提防,午后二时,天气突然阴风怒吼,黑云压顶。未几,已是满天雪花飞舞,一场意料之外的暴雪不期而至。入夜雪越下越大,还夹着阵阵雷声从空中滚过。第二天早晨,浦东大地白雪皑皑,交通阻断。分不清哪里是道路,哪里是田地,许多电线杆被大雪压断。《川沙县志》记载了这场雪灾:"3月12日,出现历史上罕见的雷暴大风雪,大批广播、通信、输电线路倒坍,越冬作物遭受严重损害。张江地区停电 4 天,个别生产队停电一个多星期。"纵观浦东气象,由雪所造成的灾害,毕竟在浦东的历史上少之又少。

随着气候变暖,浦东每年冬天的雪越下越少,越下越小。漫天大雪的景象似乎离浦东越来越远。

第二辑　建置变迁

分久必合
合久必分

雍正四年置南汇
嘉庆十五抚民厅
一九五八浦东县
今日一统大浦东

32. 区境变迁越千年

唐代天宝十载(751 年),苏州太守赵居贞奏朝廷割昆山南境、嘉兴东境、海盐北境建华亭县。今浦东区域的中、南部地区为华亭县长人乡、高昌乡,北部高桥地区属昆山县临江乡。南宋嘉定十年(1217 年),析昆山县东境建立嘉定县,临江乡归入嘉定县管辖。元至元二十九年(1292 年),析出华亭县长人、高昌等五乡置上海县。浦东地区除临江乡外,全部隶属上海县。查阅明正德《金山卫志》所刊地图,可见下砂场盐课司、三林庄巡检司等地名。清雍正二年(1724 年),巡抚张楷启奏朝廷,获准从嘉定划出四乡部分土地建立宝山县,由此原嘉定县管辖的浦东之地改隶宝山县,属宝山县依仁乡东西八都。同年,清政府决定划出上海县长人乡建立南汇县。两年后设治南汇嘴所城,即今惠南镇。1805 年,两江总督上奏清政府,请求划出上海县高昌乡十五个图、南汇县长人乡十个图以及八、九两个团设立川沙抚民厅,5 年后正式成立。其时,大浦东范围分属上海、南汇、宝山三县和川沙一厅。1911 年辛亥革命爆发,川沙改厅为县,位居泱泱中国的末等小县之列。1927 年 7 月4 日,南京国民政府中央政治会议通过《上海特别市暂行条例》。上海由江苏省划出成立特别市(1930 年改为直辖市),直接隶属中央政府。上海县在浦东的洋泾市和杨思、塘桥、高行、陆行四乡,以及宝山县的高桥乡划入上海特别市,并由乡、市改区,成为上海市的一部分。

33. 抗倭修筑第一城

明朝洪武年间,由信国公汤和主持,在江浙沿海筑城 59 座,驻兵守御。

据传,洪武十九年(1386 年)信国公汤和因年事已高,向朱元璋请辞返乡养老。朱皇帝欣然恩准,并在凤阳老家为其建造返乡后居住的宅院。时逢倭寇频繁骚扰我国东南沿海,朱元璋又召汤和说道,"虽然你已经告辞,不过请你再替朕辛苦一趟吧!"汤和领命前赴东南沿海巡视。经一番考察后决定在福建、江浙一带筑城御敌。不久,59 座城池巍然耸立于东南海疆,成为中国最早的海防工事,其中的南汇守御所城,就是今日的惠南城。清雍正四年(1726 年)在城内设置南汇县县署。

新筑的南汇守御所城呈方形,周长 5 里余,墙高 2 丈 2 尺,城外四周开凿护城河。城周按东南西北方位,设望海、迎薰、听潮、拱极 4 门向外通连。城中心建鼓楼。由鼓楼向东、南、西、北 4 门各修筑一条宽约 2 米的石条砖块道路,形成"十字街"。之后,随着人口的增多,城区的发展,直至 1958 年,南汇城拆除时,除 4 条主街外,衍生众多小巷、里弄约 30 余条。

34. 歼寇战场潘家桥

潘家桥架于川沙镇东护塘街旁的西运盐河上。原为石桥,1950 年代坍塌后,改建成水泥桥。潘家桥,实在是一座十分普通的乡村桥梁。在开挖浦东运河时被废弃。潘家桥,又实在是一座悠久的历史之桥!明嘉靖三十四年(1555 年)八月,一股 700 余人的倭寇从柘林出发,前来与盘踞川沙洼的倭寇会合。川沙乡绅乔镗获知后,率领 300 乡兵及南跄巡司弓箭手 70 人,在潘家桥设伏。此时,嘉定县丞张潮率兵从后夹击。经过激烈厮杀,700 余倭寇几乎被全歼,只有 5 人侥幸翻塘渡河向东逃走。

筑于 1557 年的川沙城墙（2012 年）

老宝山城遗址（2001 年）

熟悉明代江、浙地区抗倭史者都知道,在川沙、南汇、奉贤、金山、上海等地都发生过抗击倭寇的大大小小战斗。可惜以上地名所涉及的范围广大(即大地名下还有许多小地名)。然而潘家桥的意义就在于它的指向和范围是那样明确,它就是一个点,是一个不能再小的小地名。

潘家桥,桥已毁,名永存。

35. 乔镗率民建川城

古代川沙是戍卒屯垦的海疆。明代称八团镇,其时沿海滩地盛产食盐。镇东川沙洼开阔水深,船只停泊十分方便。明嘉靖年间,川沙洼成为倭寇骚扰沿海的据点。有人建议阻塞川沙洼以绝后患。里人乔镗却认为,塞洼不如筑城,以抵其要冲。乔镗的想法得到朝廷肯定。1557年乔镗率领乡民在八团镇周围修建城墙。自九月起筑城,至十一月就告完工,速度之快,令人惊讶不已。新修的川沙城周长四里,高二丈八尺,基址宽三丈有余。设东、南、西、北4座城门。东门名镇海,南门称迎瑞,西门曰太平,北门为拱极。东、西、南、北城门各有吊桥向外连接。桥下城壕宽12丈,深1.5丈。城墙还建月城4座,雉楼372垛,炮台12个。城内先后设置守堡千户公署、百户所、军器库、把总司署、抚按行台、演武场、城隍庙、社学、下沙二三场、盐课司、南跄三林巡检司等,营房则建在西门真武台右侧。《仰德祠碑记》载:“城成,而倭舶东西行海中者,不敢复措意。”文徵明《新建五城记》云:“庶民昔也朝夕悄悄,不能自保,今则帖然,恃以无恐矣。”

36. 宝山旁筑宝山城

明永乐十年(1412年),平江伯陈瑄奉朝廷之命,在长江出海口南,今高桥镇东北处筑一土山为航运标志。永乐皇帝为山作记,赐名宝山,并将其文勒石成碑(今称永乐御碑,现存高桥中学内)。土山东西各广百丈,南北如之,高 30 余米。山基以巨木为桩,上垒土而成。山上林木蓊茂,有龙王庙、观音殿。春时香客游人如织。山顶烽火燉,昼则举烟,夜则明火,为海上往来船只指明航向。明万历四年(1576 年),右参政兵备王叔杲于宝山西麓筑城,二岁而成,名曰宝山城,为军事要塞。城周四百九十五丈(3.3 里),高二丈六尺,具东、西、南、北四城门,雉堞、敌楼、吊桥、护城河等俱全。驻军二千,设宝山守御千户所。明万历十年(1582 年),宝山城建成后第四年,历时 170 年的宝山坍入海中。宝山沉海后,宝山城失去屏障,岌岌可危,最终在清康熙八年(1669 年)被海潮摧毁。1694 年,在明宝山城西北二里处又筑一城(为今老宝山城)。此城方广六十四亩,雉堞楼橹咸备,驻防兵三百人。《高桥竹枝词》记之:"老宝山城古哨迁,至今社庙祀陈瑄。海桑三劫前尘远,瓴甓犹存永乐年。""永乐碑连永乐钟,钟声寂寂一碑丰。漫寻淞宝开疆史,几百年前实证雄。"今宝山城南城门遗址位于外高桥港区内。

37. 陆家嘴头后乐园

明代大学士陆深 45 岁时,离京归隐故里,在陆家嘴建造私家园林。园名取"先天下之忧而忧,后天下之乐而乐"之义,名之"后乐园"。后乐园颇具规模,有学士第、后乐堂、澄怀阁、小沧浪、四友亭、小康山径、望江洲、江东小楼、俨山精舍、柱石坞、水晶帘和"知非""知还"书斋。因园中所堆筑的土岗有"俨然山也"之貌,故陆氏自号"俨山"。陆深在写给朋友的信中谈到修建后乐园之事:"深今老矣,不自量力,轻犯世故,忧悲频仍,心老衰耗,赖先人之业,是以自适。近筑一隐居,当三江之合流,颇有竹树泉石之胜。"他又吟诗一首:"望中城郭故依依,乔木千嶂水合围,风动海门闻鹤唳,鲈鱼正美客南归。"陆深对后乐园还有着独到的描述:"俨山西偏凿方塘而及泉,四面洼空若壁,适春潮暴涨,悬流而下,若珠玑万斛水帘一般,迸空垂舞,喷射照耀,夺人目睛,而冲撞澎湃,倾焉出声。"

陆深去世后,后乐园由其子陆楫经管。嘉靖三十一年(1553 年),倭寇入侵浦东地区,烧杀掳掠,后乐园难逃噩运。倭乱平息后,陆楫友人朱察卿重游后乐园,面对满目疮痍,百感交集:"乱后重生百感生,青山谁主鹤相迎。已无金谷园中会,空有阴山笛里情,曲径秋风衰草合,败垣斜日乱虫鸣,门前江水依旧在,却送归舟似掌平。"

38. 川城九庙十三桥

小小川沙城,面积不足 0.5 平方公里,然而九庙十三桥之说流传至今。《川沙抚民厅志》中收录有城隍庙、关帝庙、五府庙、东岳庙、罗神庙、财神庙,猛将庙、火神殿、天后宫、观音堂、三官堂等。历经四百多年风雨后,在今天的川沙城内只存下西门街上的城隍庙和关帝庙两座庙宇。在历尽劫难,几经修缮后,今天还在继续燃着香火。

至于要说清楚十三桥,那一定得先弄清川沙城内的河流。城内的主要河流为三灶港(浜)。三灶港从东门水关入城后,从东向西流去。大约在今天的北市街处,折向北去,至今天的三灶浜路处,再转折向西流至西水关出城而去。清楚了三灶浜在城区的流经,也就知道了三灶港上众多桥梁的方位。从东起第一座桥为牌楼桥,接着是来紫桥和四明桥。过了四明桥后,三灶港呈南北流向。在南北向的三灶港上,由南至北依此架着罗神庙桥、六安桥和太平桥。流过太平桥,三灶港又呈东西流向,其上架设有三多桥。整个三灶港川沙城区段共架设桥梁七座。

除了三灶港,还有因位于川沙抚民厅署前而得名的署前港。署前港从东至西分别架设有集贤桥、正阳桥(俗称苏家桥)、报升桥(有两座,同在参将署西)、卫安桥。另外在抚民厅署东连接署前港和三灶港的河道上架有化龙桥。在太平桥东的河流上分别由西向东建有九如桥和两座盐仓桥,一座建在仓南,一座建在仓北。后来在此段河道上又建了至元堂后桥、青山桥。在署前港西段建了中山桥,在乔家浜上有过竹行桥、又名逃走桥。再算上东、西、南、北四座连通城内外的吊桥,川沙城内的桥就远远超过 13 座了。可见,那时的川沙城是一座名副其实的江南水城。

39. 川沙八景今何在

川沙八景在何处? 今天走遍整个川沙城已经找不到其中之一景了!

有关川沙八景的记述,首先见于川沙历史上最早的一部地方志书——《川沙抚民厅志》,其景分别为南园古木、北院疏钟、绿杨饮马、白漾观鱼、芳渚归帆、层桥夕照、香雪城坳、碧阴堤曲八处景物。

在川沙历史上,曾相继建有梅园、青草园、南有园、遂生园、中山公园、河浜公园、涛园等园林,其中以明人王观光建造的南有园最负盛名。王观光担任过宁波通判,后官至王府长史,任职时颇有政绩。明末,面对朝政腐败,王观光于是"避世金马门,孰若高卧羲皇枕",辞官回到家乡川沙,随即构建私家园林南有园。园址在今观澜小学内。南有园建成后,王观光时常在园内与当时的诗朋文友吟诗作赋。明人吴骐有《题南有园》诗曰:"卜筑对江城,江流抱槛清。幔开风蝶近,门掩雨鸠鸣。独坐书盈榻,高谈酒满觥。凭轩春水澜,点点白鸥轻。"勾画出一幅远离尘世、悠然致远的隐居画卷。其时园内有参天银杏一株,是以为"南园古木"景致,遂成"川沙八景"之一,并居于八景之首。

北院疏钟位于城北门外种德寺。种德寺为川沙始建最早的古刹之一,咸丰十一年(1861年)毁于兵灾。同治二年,里人蔡锡晋等重建,今已毁。所以,今天我们只能在心里默默地静听种德寺的钟声,想象北院暮鼓晨钟的景象了。

绿杨饮马在小教场。其景水光粼粼,绿杨摇曳,婀娜多姿。抗日战争时期依然有迹可循。

白漾观鱼在漕仓东,位于城东北一隅。其景为漕仓东边的南北向河流,与护城河相接处。时河水清澈,可见鱼翔于水中,逐渐成为川城一景。

层桥夕照在西门三灶港处。每逢夕阳西下,登城内九如桥远眺,夕阳、桥梁相互映衬,景色奇丽。

香雪城坳在青草园,该园为黄绳华别墅,后归沈氏,位于城西南。青草园与梅园南北相连,时有梅树二百余株。20世纪初尚有梅百余株。梅花盛开之时,雪色一片,冷香四溢,令人有孤屿西溪之想。

碧阴堤曲在花园沟口。花园沟口在乔家弄东,为乔氏别业,园中石刻甚多。今皆湮没,踪迹无寻。

40. 浦东农业合作社

新中国成立不久,我国广大农村开展了以供销、农业、金融信用三种形式的合作化运动。希望通过合作化运动,让翻身的广大农民走上共同富裕的道路。

农业合作化运动由农业互助组开始。1950年春,川沙县政府结合生产救灾,号召群众组织起来,当年组成临时性伴工组334个。1952年,川沙县互助组发展到5 345个,"三个郊区"(指高桥、洋泾、杨思三个区)有互助组2 012个。

1952 年底在互助组基础上,中共上海市郊区工作委员会在洋泾区试办"陆勤根初级农业生产合作社",有 15 户农户加入。1953 年春,川沙县顾路区民建乡建立川沙县第一个初级农业生产合作社——宋幼春初级农业社。开始只有 9 户农户,34 个劳动力,土地 59 亩。1953 年 12 月,中共中央发布《关于发展农业生产合作社的决定》,要求把全面推进农业生产合作、供销合作和信用合作,作为对小农经济进行社会主义改造的三种形式同步进行。同月,高桥区试办西新、镇南、周家桥、槐树头、星火 5 个初级农业合作社;洋泾区试办金心、星光、勤星、明星、陆家宅、新联、塌水桥、姚家宅 8 个初级农业合作社;杨思区试办同心、一心、艾东、三友、新民、黄家门 6 个初级农业合作社。1954 年,川沙县建成初级合作社 31 个;洋泾、高桥、杨思 3 区共建成初级 107 个。

1955 年,川沙县农业合作社发展到 130 个,1956 年增加到 244 个。经过合并,川沙县农业合作社由初办时每个社 25 户左右,增加到每个社 100 户左右。

1955 年末,川沙县试办赵行、太平、民建、东兴、大众 5 个高级农业合作社。1957 年底,川沙县有高级合作社 232 个,入社农户 60 445 户,占农户数 99.66%。1958 年 8 月,中共中央《关于在农村建立人民公社的决议》下达后,浦东农村由合作社进入人民公社阶段。

41. 人民公社大跃进

1958 年 9 月,川沙县在江镇、张江、虹桥 3 个大乡开始建社试点。不到一个月时间,全县成立了 11 个人民公社,分别是卫星(张江)、东风(北蔡)、幸福(顾路、中心)、星火(城镇)、跃进(江镇)、红星(施湾)、英雄(三房)、红旗(虹桥)、红光(殷浜)、东方红(龚路)、曙光(合庆、蔡路)。不久,11 个公社合并为城镇、江镇、张江、小湾、顾路 5 个大公社。

1959 年,又分拆为城镇、施湾、黄楼、江镇、蔡路、合庆、虹桥、孙桥、张江、北蔡、林家(后改名花木)、龚路、顾路、杨园 14 个公社。1961 年 11 月 14 日又析出唐镇、六团 2 个公社。

在浦东县,1958 年 9 月以洋泾、杨思、高桥 3 个大乡建成红旗、五一、东风 3 个人民公社。6 月 1 日,3 个人民公社分拆为杨思、六里、严桥、金桥、二塘、泾南、东沟、陆行、张桥、凌桥、高南、高东、海滨(后改高桥)13 个公社。1960 年 2 月,二塘并入金桥,陆行并入张桥后为 11 个公社。1961 年,浦东县撤销,其农村地区并入川沙县后,全县共计 27 个公社。

人民公社强调"一大二公"优越性。全县办起 2 140 个社员食堂,出现了高指标、瞎指挥、浮夸风的现象,提出粮食亩产保证 2 500 公斤,争取 3 000 公斤的高指标。

1984 年春,重新建立乡人民政府,此时人民公社仅为乡的集体经济组织,实质只剩其名而已了。

在这场由合作化发展至人民公社的运动中,有一首民谣传唱一时:"单干好比独木桥,走一步来摇三摇;互助组好比石板桥,风吹雨打不坚牢;合作社铁桥虽然好,人多车稠挤不了;人民公社是金桥,通向天堂路一条。"

42. 浦东供销合作社

1950 年 3 月,松江分区合作总社派遣工作组到川沙县筹建供销合作社。5 月 27 日,川沙县供销合作总社(简称总社)成立,主要业务为组织生产救灾,以工代赈,同时开始代国营公司购销粮食、油料,收购锦花。同年,先后组建了城厢、合庆、张江栅、顾路、西区 5 个农村基层供销社及蔡路、暮紫桥 2 个毛巾生产合作社和 13 个毛巾生产小组。1951 年,总社已有 14 个基层供销社、1 个机关消费合作社、2 个毛巾生产合作社和 4 个棉花加工厂。1955 年 4 月,总社所属毛巾生产合作社、毛巾厂、漂印厂、铁木竹生产社和土砖窑、缝纫、刺绣等手工业企业,与供销社分离单独成立川沙县手工业生产合作社联合社。1958年5月,总社与商业局合并,成为全民所有制商业。1962年1月,恢复总社机构,仍为集体所有制商业,设生产资料、农副产品采购、副食品3个经理部和直属加工厂、场、站13个,各人民公社供销社27个。1968年9月,总社再次与商业局合并成为全民所有制商业。1978年8月1日,又恢复总社机构。1984年,总社体制改革,改称"川沙县供销合作联合社",基层供销社参加总社,恢复了集体所有制性质,推行经营承包责任制。

1990年,总社经营规模不断扩大,成为浦东地区最大的商业企业,有专业公司20家,基层社24家,商办工业企业48家,经营网点1 000余个,从业人员1万余人。浦东开发开放后,总社制订实施包括铁沙商城和川沙大厦(锦丽华购物中心、锦丽华大酒店)在内的"明珠系列工程"商业发展规划,参与浦东开发。2002年,总社注册成立养和堂药业连锁经营有限公司后,连锁规模不断扩大,医药门店覆盖浦东各乡镇街道。2004年4月,浦东新区政府决定,浦东供销合作社总社由原浦东新区经济贸易局划转至浦东发展(集团)有限公司(简称浦发集团)托管。2006年12月,浦发集团决定,总社与浦发集团管辖下的商业公司企业合为一体,组成浦东商业发展股份有限公司。总社整体入股,占控股地位。

43. 浦东信用合作社

在开展农业合作化运动的同时,按照自愿互利原则,试办信用互助组。1951年11月,洋泾区高庙乡成立首个金家浜村信用互助组,入组农民40户。1954年各乡正式建立集体所有制的农村信用合作社,实行独立核算,自负盈亏。次年,川沙县信用社发展到109个(包括高桥、洋泾、杨思三郊区45个),股金12.4万元。1958年人民公社化后,信用社和农业银行营业所合署经营,组成公社信用部。1962 年又恢复信用社名称。为了方便农民就近办理存贷款业务,1965 年底在洋泾公社(乡)的大队(村)试办信用站。信用站不独立核算,资金由信用社统一调度使用。1966 年全县建成 58 个大队信用站,1971 年发展到 117 个。1972年后开始收缩,至 1985 年底,仅存洋泾乡的 13 个信用站,储蓄存款82.74 万元,个体贷款 2.98 万元。

1980 年至 1984 年,信用社与农业银行营业所联合经营。1996 年,根据国务院关于农村金融体制改革的精神,农村信用合作社从农业银行中分离出来自成体系,成为具有独立法人地位的金融机构。同年末,浦东新区农村信用合作社联社在金张路(今为张江路)28 号成立,下有28 家信用社(浦东新区每镇一家)和 4 家营业部。

2005 年 8 月,上海农村商业银行成立,浦东新区农村信用合作社联社改制为上海农村商业银行浦东分行(分行地址世纪大道 1500 号)。在此之前,1950 年代农村信用社开办时入股的农民股份已被清退。

回顾远去的合作化运动,农民永远是一块块默默无闻的铺路石!

44. 东郊东昌合浦东

1958 年 8 月,沿黄浦江东岸的沿江地区的东郊区与东昌区合并建立浦东县,面积 158.85 平方公里。县政府办公处设在今日的世纪大道与浦东南路交会处,是为浦东之名第一次以行政区划名标注在中国的行政地图上。浦东县下辖耀华、艾镇、六里、严桥、孔桥、泾南、二塘、海滨、凌桥、金桥、陆行、张桥、东沟、高东、高南 15 个乡和高庙、塘桥、周家渡 3 个街道。1961 年 2 月,浦东县撤销,其农村地区(144.53 平方公里)划入川沙县,沿黄浦江东的城市化地区(14.32 平方公里)分别划入南市、黄浦、杨浦三区,成为三区的延伸浦东部分。

45. 川沙撤县入新区

1992 年 12 月 31 日下午,在川沙镇新川沙路 540 号大门口立柱上,中国共产党上海市川沙县委员会、上海市川沙县人民代表大会常务委员会、上海市川沙县人民政府和政协上海市川沙委员会的铭牌缓缓卸下,建立于清嘉庆十五年(1810 年)的川沙县就此画上句号。川沙撤县时面积 446.11 平方公里,占新区总面积 85.34%,其中耕地面积 1.54 万公顷,下辖城厢、高桥、北蔡 3 个镇和施湾、六团、江镇、蔡路、合庆、城镇、黄楼、孙桥、张江、唐镇、王港、龚路、顾路、杨园、张桥、金桥、东沟、高东、高南、高桥、凌桥、花木、洋泾、严桥、六里、杨思 26 个乡。户籍 19.63 万户,人口 62.13 万人。1992 年国民生产总值 40.25 亿元,财政总收入 5.47 亿元,连续 8 年名列中国十大财政县之一。

46. 浦东新区管委会

1993 年 1 月 1 日上午,中共上海市市委书记吴邦国、上海市市长黄菊在浦东大道 141 号门前为"中国共产党上海市浦东新区工作委员会""上海市浦东新区管理委员会"揭牌。浦东新区由川沙县全境,黄浦、南市、杨浦区浦东部分和闵行区三林乡组成,面积 522.75 平方公里,人口 143.73 万人,下辖 11 个街道、5 个镇、27 个乡和外高桥、陆家嘴、金桥、张江 4 个国家级开发区和上海华夏文化旅游区、上海王桥工业区。党工委、管委会下设办公室、组织部(劳动人事局)、纪委(监察局)、社会发展局、综合规划土地局(统计局)、城市建设局、经济贸易局、农村发展局、工商行政管理局、财政税务局 10 个委、办、局。

位于新川路 540 号的川沙县人民政府(1988 年)

位于浦东大道 141 号的上海市浦东新区管理委员会驻地(1995 年)

47. 川沙干部去何方

川沙县撤销、新区建立之时,原川沙县 1283 名县级机关干部(含在编职工 163 名)何去何从? 当时没有采用整体转入浦东新区行政机关的办法,而是采取不同形式、不同途径进行分流安置。

在具体分流安排上,将原川沙县机关部门与新区各部委办局做归口对应,变"一扇门进,为多扇门进",同时加快中介机构组建,广辟渠道创造分流条件。在政策措施上实行"五个鼓励",即鼓励流向企业,鼓励流向事业单位,鼓励男 55 周岁、女 50 周岁的人员提前办理预退手续,鼓励辞职自谋职业,鼓励专业技术人员归队、给予接收单位聘用指标。整个川沙县机关干部分流工作于 1993 年 5 月中旬结束。最终有 361 人安排进入新区行政机关,占川沙县级机关干部的 28.14%;595 人分流至新区的中介机构或事业单位,占川沙县级机关干部的 46.38%;135 人进入企业,占川沙县级机关干部的 10.52%;29 人充实政法队伍,27 人加强乡镇机关,15 人调入其他单位,1 人停薪留职,5 人自谋职业,69 人办理了预退休手续,46 人年内达到退休年龄者归口落实了退休前的单位、届时再分别办理退休手续,6 人未分流安置。

48. 面向全国招干部

1993 年 1 月 15 日,上海主流媒体刊登了浦东新区向全国招考机关干部的消息,在社会各界引起强烈反响。这次招聘干部打破地域界限和身份编制限制,为浦东新区组织部(劳动人事局)、综合规划土地局、经济贸易局、城市建设局、社会发展局、财政税务局、工商行政管理局选拔干部。1 月 28 日,为期两天的浦东新区面向全国招考政府工作人员报名在位于浦东大道 1550 号的上海海运学院举行。最终有 1 816 人报名合格,1 655 人领取了准考证,1 282 人参加了考试。经过知识笔试、心理测试、能力测试和面试答辩等,于 4 月 6 日招考揭晓,共计录取 40 人,其中 2 人分别被聘为浦东新区社会发展局、浦东新区城市建设局副局长,8 人被聘为处级干部,其他 30 人分别被录取为科级干部。

49. 南汇并入浦东区

1724 年(清雍正二年)两江总督查纳弼上书清政府请将上海县长人乡划出建立南汇县,1726 年正式设治南汇嘴所城,即今惠南镇,隶属松江府。1958 年 3 月,松江专员公署撤销,改隶江苏省苏州专员公署。同年 11 月 21 日,南汇从江苏省析出划归上海市。2001 年,撤销南汇县建立南汇区。2009 年 4 月 24 日,国务院在《关于同意上海市调整部分行政区划的批复》中,同意撤销上海市南汇区,将其行政区划并入上海市浦东新区。8 月 6 日,浦东新区第四届人民代表大会第一次会议召开,选举产生浦东新区新一届国家机构领导人员,从而标志着南汇行政区域正式并入浦东新区。其时南汇区面积 860.10 平方公里,下辖 14 个镇、1 个街道,包含 183 个行政村和 90 个居民委员会。20 世纪六七十年代,南汇县植棉技术名闻全国,曾召开全国性植棉现场会,水蜜桃、西瓜在上海市场上颇具声誉。

南汇并入后,浦东新区区域增至面积 1 210.41 平方公里,陆地仅与闵行、奉贤两区接壤,西北部由黄浦江和长江口环绕,东部与南部临东海。下辖 13 个街道、25 个镇,户籍人口 272.28 万人。

50. 川高洋杨四大镇

随着人口的增长,经济的发展,沿黄浦江地区逐渐形成了高桥、洋泾、杨思等人口、面积、商业规模较大的集镇,并设立镇级人民政府,除此还有高行、东沟、庆宁寺(高庙)、张家桥、金家桥、陆家行、居家桥、复兴镇、其昌栈、胜利镇、陆家嘴、杨家渡、塘桥、南码头、龙王庙、六里桥、艾镇、白莲泾、周家渡、三林等小集镇。在浦东中南部地区有北蔡、张江、孙小桥、曹路、龚路、小湾、合庆、蔡路、川沙、江镇、施镇等农村集镇。以上农村集镇,大多先后成为浦东开发前人民公社和乡政府的驻地,并且其区划名(公社名或乡名)也以集镇名名之。塘桥、南码头、周家渡成为街道名。时属川沙县政府驻地的川沙镇与洋泾、高桥、杨思成为当时浦东川沙县境中的四大县属镇。无独有偶,在原南汇县(区)也有惠南、周浦、新场、大团四大集镇存在。

51. 常住人口 568 万人①

2020 年,经第七次人口普查,浦东全区常住人口 5 681 512 人,与第六次全国人口普查的 5 044 430 人相比,十年共增加 637 082 人,增长12.6%,平均每年增加 63 708 人,年平均增长率为 1.2%。常住人口中,外省市来浦东新区的常住人口为 2 419 995 人,占比 42.6%。常住人口中,居住在城镇的人口 5 112 927 人,占 90.0%;居住在乡村的人口568 585 人,占 10.0%。全区共有家庭户 2 193 221 户,集体户 184 851

① 此人口数据为全国第七次人口普查数据。

户,家庭户人口为 5 120 36 人,集体户人口 560 776 人。全区常住人口中,男性人口 2 950 524 人,占 51.9%;女性人口为 2 730 988 人,占48.1%。常住人口中,0—14 岁人口 595 611 人,占 10.5%;15—59 岁人口 3 856 993 人,占 67.9%;60 岁及以上人口 1 228 908 人,占 21.6%,其中 65 岁及以上人口 851 457 人,占 15.0%。常住人口中,拥有大学(指大专及以上)文化程度人口 2 035 911 人;拥有高中(含中专)文化程度的人口为 972 436 人;拥有初中文化程度人口 1 642 167 人;拥有小学文化程度人口 669 766 人(以上各种受教育程度的人包括各类学校的毕业生、肄业生和在校生)。

第三辑　红色记忆

1927 年 7 月 1 日
工运领袖杨培生
在龙华慷慨赴死

1945 年 7 月 1 日
黄炎培飞临延安
与毛泽东纵论执政周期律

1976 年 7 月 1 日
张闻天在无锡去世
身后留下党费四万元

52. 党领罢工第一次

1921 年 7 月初,位于陆家嘴的上海英美烟厂 8 000 多名工人群情激昂,反对监工亨白克扣工资、殴打工人,要求厂方撤换亨白,而厂方却无视工人要求。于是在 7 月 20 日,烟厂工人开始自发罢工。可是由于缺乏明确的目标和有组织的领导,罢工出现了群龙无首的现象,面临着失败的危险。

在这紧要关头,正在上海召开的中国共产党第一次代表大会获知了浦东英美烟厂罢工信息,当即决定派遣李启汉前往组织领导罢工。李启汉一到浦东就成立了罢工领导机构,推选出刘凤臣、刘荣才等 10 人组成工人代表会议,起草罢工宣言,向厂方提出了增加工人工资、罢工期间工资照发、不准虐待殴打工人的 8 项条件。罢工进入第 16 天,公司总大班毛利斯派翻译邀请工人代表于 8 月 7 日进行谈判。李启汉与刘凤臣等 4 名工人代表反复磋商,指导他们把握斗争方向和策略。通过谈判,历时 3 个星期的罢工,在党的领导下取得了胜利。

此次英美烟厂的罢工斗争是中国共产党领导的第一次有组织的工人罢工,是中国工人运动从自发走向自觉的开始。

53. 共产党员第一人

1921 年,出身浦东三林的沈干城经人介绍认识了中国劳动组合书记部主任张国焘、李启汉和包惠僧。1922 年沈干城加入了中国共产党,是浦东本土的第一位共产党员。同年 4 月,沈作为沪杭铁路的代表出席了长辛店工人俱乐部成立大会,并会见了邓中夏、何孟雄。1924 年,沈干城参加了京汉铁路总工会成立大会。同年,发动和领导了杭州闸口机厂工人的第一次罢工。1927 年 3 月,北伐军向嘉兴进军。沈干城带领工人只用三昼夜时间就将火车机车改成 6 辆铁甲车开赴前线,支援北伐。

"四·一二"反革命政变后,沈干城继续领导铁路工人进行艰苦斗争。一天,反动军警拿枪指着沈干城和钟鼎祥,强令改组沪杭甬铁路工会。沈干城神情自若地回答:"如果我们怕死,就不来了。"说完和同事昂首走出大门。同年 6 月,沈干城不幸被捕,身陷囹圄。1934 年 9 月 22 日,他以微弱的声音对狱中的难友说:"我小时候读过夏完淳的两句诗'毅魄归来日,灵旗天际看',如果我死后能成为刚毅的鬼,高举义旗与敌人战斗,该多好啊!"这天晚上七时许,沈干城牺牲在敌人的监狱中。

54. 浦东第一党支部

中国共产党第四次代表大会上通过的《对于组织问题的决议》指出:"组织问题是我党生存和发展的一个重要问题,决定在全国范围加强党的建设。"同时在修改的党章里规定:凡有党员 3 人以上均得成立一支部。1925 年 1 月,中共上海地委根据这一精神,在浦东沿江地区的工厂中建立第一个共产党支部。第一个共产党支部的成员有朱谦之、蒋爕文、达品晋三人。

55. 武装起义得全胜

1927 年 3 月 21 日中午,浦东各厂工人在祥生船厂门口集中,汇合成浩浩荡荡的队伍,举行浦东地区的第三次工人武装起义。起义的第一个目标是位于春江码头的警察四分所。当工人队伍到达时，警察所内已经空无一人。接着又去攻打坐落在铁板桥的第三区警察署。工人武装分成三路，一路封锁江面，一路从后面包抄，从正面进攻的第三路，瞄正敌人的枪眼射击。纠察队员乘机冲进署内，将敌人全部活捉，缴获枪械 100 多支。起义队伍随即又向俞家庙进军。俞家庙是军阀的一处兵营，一时难以攻破。工人们采用正面佯攻，并用在火油箱内燃放鞭炮的办法迷惑敌人。一时枪声大作，敌军胆颤心惊。敌团长第一个开溜，士兵们见状纷纷逃跑。工人武装很快占领了俞家庙，收缴了大量武器。每个人肩上扛上三四支枪。最后起义队伍向张家楼旁的钦赐仰殿奔袭，那里驻守着敌军的一支骑兵巡逻队。起义队伍到达后，一部分工人堵住前门，其余迂回到庙后进攻。不一会儿，敌人举起白旗投降，工人缴获枪械 120 支、战马 10 余匹。经过四个小时战斗，上海工人第三次武装起义在浦东取得全面胜利。

56. 工运领袖杨培生

杨培生，浦东蔡路人，生于 1883 年。1906 年进上海启昌机器厂当钳工，后转入英商祥生船厂工作。在祥生船厂，杨培生被推举为工人代表，组织工人罢工。1925 年 6 月，杨培生加入中国共产党，此后被选举为上海总工会和上海铁工厂总工会委员。1927 年 3 月，上海工人举行第三次武装起义。杨培生为浦东和南市区起义的组织领导人之一。他亲自带领工人纠察队攻占浦东警察署，夺取了俞家庙军营，缴获一批马匹及枪支。

在"四·一二"反革命政变中，上海总工会委员长汪寿华被杀害，杨培生继任委员长。4 月下旬，杨出席在武汉召开的中共第五次全国代表大会和第四次全国劳动大会，分别当选为中共中央候补监察委员和中华全国总工会执行委员。中共江苏省委成立后，他又被推选为省委执行委员。1927 年 6 月 29 日,因叛徒出卖,杨培生遭国民党特务逮捕。7 月 1 日,他与陈延年、张佐臣等被国民党反动派杀害于龙华。新中国建立后,杨培生遗骸由蔡路小营房移葬川沙烈士陵园。

57. 革命政权第一个

1927 年 3 月 23 日,乘着上海第三次武装起义胜利的东风,出生浦东杨园的共产党员王剑三率领川沙地区在上海市区的共产党员和国民党进步人士急速返回川沙夺取政权。

反动当局闻风丧胆,军阀县长早早逃跑。王剑三等顺利接管了县政府,占领了警察局,收缴了警察的枪械。27 日,中共川沙县独立支部召开县民大会。这天,上川铁路公司让进川沙城参加会议的民众一律免费乘车。大会场上人山人海,水泄不通。王剑山以大会主席身份庄严宣告川沙县临时政府成立,并满腔热忱地说:革命政府的成立,标志着川沙人民从此当家做主,我们一定要将反对帝国主义和封建主义的斗争进行到底。新成立的县政府设立民政、财政、教育、警察四个局。王剑三出任新政府民政长,主持工作。

4 月 19 日,川沙县地方封建势力勾结国民党反动派,由白崇禧的东路前敌指挥部派兵包围了川沙县临时政府,王剑三、张平、薛伯瑜等 11 人被捕。26 日,王剑山被杀害于上海枫林桥。浦东的第一个革命政权就这样被扼杀在"四·一二"反革命政变的血泊中。

58. 泥城暴动第一师

1930 年 7 月,中共江苏省委巡视员黄理文赶到泥城,在听取中共南汇县委委员沈千祥有关泥城农民运动的情况汇报后,认为农民暴动的条件已成熟。8月7日,黄理文传达了江苏省委的决定:8月9日举行农民武装暴动,沈千祥为暴动领导。

9日晚9时左右,在彭镇马渤港的海滩边,聚集起近千手持大刀、扁担、镰刀、"铁塔"的农民、盐民,在沈千祥做了简单动员后,向马渤港盐廒进军。30余名盐警见势不妙,狼狈逃跑。暴动队员烧毁了盐廒,接着向大地主、恶霸叶冬生家进军。叶家闻讯早已逃走。此时已过半夜,暴动队伍又向位于东北方向的中横港泥城警察分局奔袭。趁着敌人毫无准备,队员们翻墙而入。激战半小时,打死警察7人,俘虏1人,余敌仓皇出逃,共缴获枪械10余支,子弹数百发,银元、纸币600元。队伍紧接着又向南横港大地主朱心田家进发。得到暴动消息的朱心田家早已空无一人。次日上午,暴动队伍在朱心田家设立农民暴动指挥部,宣告成立泥城苏维埃政权,并以工农红军二十二军第一师的名义张贴布告,准备下午召开庆祝大会。可是到中午时分,获悉国民党当局即将派重兵前来镇压,于是暴动指挥部作出决定,解散暴动队伍,隐蔽骨干分子。1930年8月20日,中共中央机关报《红旗日报》详细报道了泥城暴动的经过。

59. 人民武装第一支

1938年6月,浦东出身的共产党员林钧在八路军驻上海办事处从事情报、策反和军事组织工作。通过各种关系,林钧将宝山爱国人士陆祥生的一支小型武装和浦东的一部分抗日武装合并,并派遣来自延安抗大和上海的进步学生作为部队的领导和骨干,同时利用张阿六(张惠芳)的国民党抗日自卫团的番号,在川沙、南汇交界处的潘家泓建立了"边区民众抗日自卫总团第四大队"(简称边抗四大队)。从此浦东诞生了第一支由共产党领导的人民武装部队。同年冬天,在朱家店伏击战中首战告捷。

1939 年 5 月 31 日,边抗四大队与另一支中共武装"保卫四中"联合,围击前来扫荡的日军,打得敌人在麦田里乱窜,击毙敌人数人。10 月,在宝山小川沙全歼日寇海军陆战队 40 多人,缴获汽车和一批弹药。年末,边抗四大队发展到 6 个中队 400 余人,其中 4 个中队在浦东地区活动。

60. 抗日战死廿一人

1937 年 8 月,中日淞沪会战的隆隆炮声震撼着川沙城内的大街小巷,撞击在每一个人的心头。川沙县政府紧急征集志愿兵奔赴淞沪战场,应征者接踵而至。27 日,县长在县政府隆重宴请 22 位应征入伍青年。第二天,川沙城内父老乡亲夹道送行 22 位川沙热血青年奔赴抗日前线。

这 22 人入伍后进入淞沪师管区受训,未几就投入淞沪战场。中日淞沪会战结束后,青年们跟随部队来到南京参加保卫南京之战。12 月 8 日,川沙子弟兵扼守南京中华门。12 日,南京失守。半夜时分,部队被迫从挹江门撤退,急进至下关。此时弹雨纷飞,长江阻隔,日本军队又将追至,22 人随即跳入江中,最后仅一人得救,其余 21 人无一生还。生还者陆大生于 1941 年 4 月离开军队,在成都开设大川机器厂。抗日战争胜利后,变卖工厂回沪,曾居住于上海四川北路余庆坊 113 号。

61. 民族英烈张在森

张在森,浦东龚路人,1923 年出生。15 岁时瞒着家人投考军校,后任炮兵排长。1942 年 9 月,率领迫击炮排参加与日寇作战的金(华)衢(州)会战。会战异常惨烈。25 日中秋夜,在金华城西的白龙桥处,张在森所在的中国军队一部被绝对优势之敌军包围。在突出重围已经毫无希望的情况下,为了不被日军俘获,张在森举枪自尽,时年才 19 岁。

黄炎培撰《国殇张在森君传》悼念:"金华白龙桥之战,我尚死一副营长,士兵伤亡不及百,而敌死少佐大队长一,上尉一,中尉一,士兵三百以上。君之死,以不肯被俘受辱,苦战至最后一分钟,引枪自杀于秋宵皓月之下……"张在森,一位不能忘却的战士!

62. 策反就在黎明前

冯瑞祥,浦东蔡路青墩人。民国二十七年(1938 年)参加革命,从事党的地下工作。上海解放前夕,冯瑞祥受命承担策反工作。他秘密地把中纺公司及第七印染厂的财务、物资、人员情况等资料收集起来,送往中共茅山工委。1949 年 3 月,冯瑞祥、崔太灵、方守荻等接受对国民党军队进行策反起义的指示,利用关系,先后与国民党陆军二九一师装甲兵第二团联防总队的 501 汽车队和国民党海军第二舰队的进步官兵建立秘密联系,计划策反这些部队。在执行任务中,不慎被特务打入内部。当时根据上级指示,我方急需一张国民党某部炮兵群的布防图,冯瑞祥表示他能从汤恩伯的副官处得到。5 月 9 日,当我方人员拿着金子前去接洽取图时,被特务抓获。当天下午,冯瑞祥、崔太灵、方守荻等先后被特务逮捕。

冯被捕后,关押在福州路上海警察总局。在近 10 天的审讯中,他始终严守党的秘密,为保护曾涛(中共地下党支部书记)、保护党组织,在敌人酷刑之下,赤胆忠诚、英武不屈。敌人无法从他身上得到任何情报。5 月 19 日,冯瑞祥和其他 15 位同志一起,被国民党秘密枪杀于闸北宋公园。

63. 十二烈士牺牲地

如果你从民生路的 2 号门进入世纪公园,向南百余步,仔细观之,就会发现有一座塑像,那就是电影《永不消逝的电波》中主角李侠的原型李白。

1949 年 5 月 7 日,上海市警察局局长毛森根据上司"坚不吐实、处以极刑"的命令,将李白、秦鸿钧、张困斋、杨竹泉、郑显芝、周宝训、吕飞巡、黄秉乾、严庚初等十二烈士秘密押至浦东戚家庙(今世纪大道与浦电路交汇处)处杀害,并就地掩埋。解放后,上海市政府将十二烈士遗骸迁至虹桥公墓,后又迁到龙华烈士陵园,并在戚家庙处竖立"李白十二烈士万古长青"碑,以致纪念。"文化大革命"期间,纪念碑被毁。1992 年,川沙县文物保护管理所在李白等十二位烈士就义处再竖起保护碑。

浦东新区成立后,新区文物保护管理署将世纪大道浦电路口东南侧绿化地定为李白等十二烈士就义纪念地。此后,因浦东开发建设需要,十二烈士纪念地被征用。2002 年,在世纪公园落成李白半身塑像。

李白原名李华初,湖南浏阳人,1925 年加入中国共产党,1930 年参加中国工农红军,曾任通信连指导员,参加过长征。1937 年到上海,从事中共地下电台工作,把党中央的指示及时传达给地下党组织,把上海抗战情况、地下党组织和日、蒋、汪及英、美等国各方面的情况汇报给党中央。他曾两度被日军逮捕,获释后到浙江、江苏等地工作,抗日战争胜利后重回上海继续从事地下电台工作。1948 年 12 月,他的电台被侦破,遭国民党逮捕,在狱中坚贞不屈。

64. 一所学校三党组

1946 年 3 月 10 日，上海市市立高桥中学成立。创办之年，学校就达到一定规模，有 13 个教学班，学生五六百人，其中寄宿生 200 余人。

从建校初期到上海解放，师生中的地下共产党员近 20 人，团结在党组织周围的进步学生则更多。在临近解放的日子里，高桥中学党组织领导广大师生"反饥饿，反内战"，用实际行动迎接上海解放。学校在上海中教系统中享有"浦东民主堡垒"的称号。当时在高桥中学有着 3 个共产党的地下组织，分属于 3 个系统：教师中的党组织属于教委，学生属于学委，地方党组织属于高桥地方系统。

1947 年 9 月，陈锡良、潘骥来校任教，是高桥最早的地下党员。1948 年春天，共产党员金声穆老师经组织安排来校任教。金老师在高桥中学发展了外语教师钟日照、会计龚德明加入党组织。在学生中间，共产党组织的力量相当强大，尤其在高三丙班更加突出。直到高桥解放，学生支部已有汤德奎、朱保玛、虞承源、王村民、方毓凤、刘惠民、李敦、朱坚、陆景明等 10 多名党员。

1949 年 6 月，高桥中学学生积极报名参加"人民解放军华东随军服务团"，87 名学生被批准加入服务团。同年，10 多位学生分别参加了"上海市青年干部训练班"和"上海市郊区青年干部训练班"。

1950 年，先后有两批学生报考华东人民革命大学，共录取 20 余人。朝鲜战争爆发，高桥中学响应"抗美援朝，保家卫国"的号召，参加"军干校"，有的高中班百分之一百的学生报了名。在短短的两年时间里，有近 300 名学生以满腔的政治热情踏上革命道路，而当时高桥中学学生总数才 700 人。

65. 攻克高桥迎解放

1949 年 5 月 23 日,中国人民解放军三十军、三十一军在二十军的配合下,进攻高桥。到了中午,解放军炮兵部队集中猛烈炮火,轰击高桥以东海面上的敌舰,击毁击伤 7 艘。24 日下午 5 时,向高桥镇守敌发起总攻。三十一军二七一团五连,攻占了敌集合碉堡群;四连突进镇内,占领一幢大楼。该团第二梯队突入镇内后,占领镇中心桥头堡,迅即过河进击。二七四团三营经过 1 个多小时战斗,由西南方向突入镇内。七连三排在排长、战斗英雄蔡萼带领下连续爆破,攻占敌一团堡。当继续向纵深发展时,遭敌人疯狂反击。三排英勇顽强,打退敌人 3 次反扑,并乘胜夺取又一个桥头堡,为后续部队向纵深发展扫清障碍。右翼三十军从高桥镇正东突破,向镇中进击。三十一军九十三师二七七团、二七九团先后攻占高桥以西凌家宅、西塘等敌沿江阵地。25 日上午,高桥守敌一部被歼,大部仓皇向江心沙方向逃窜。二七四团、二七七团迅速追击,歼灭高桥逃敌。第九十一师二七一团、二七三团和九十三师二七九团在三十军配合下直插三岔港,全歼敌军。战斗至中午结束,全歼高桥地区守敌,高桥解放。是役我军毙伤敌军 2 600 余人,俘敌 1.5 万余人。解放军将士牺牲 1 500 多人,安葬于高桥烈士陵园。陈毅元帅为其题词:"为解放上海而牺牲的英雄们永垂不朽!"

66. 白龙港俘敌军长

1949 年 5 月初,在解放杭州后,中国人民解放军第三野战军第九、十兵团分东西两路向上海进军。第九兵团二十军、三十军及第十兵团三十一军沿沪杭公路、黄浦江及东海岸突进,于5月13、14日,先后解放奉城、南汇后,直奔川沙。5月15日上午,第九兵团第一梯队第三十军八十八师二六五团先头部队与敌五十一军交火于蔡路小营房。2名解放军战士因奋勇炸毁敌堡光荣牺牲。同时,三十军军长谢振华命令所属八十九师先头部队二六五团分兵直扑川沙县城。川沙城守敌惊惶失措,纷纷逃跑,我军只遇零星抵抗就占领县城。入夜,春雨不止。三十军所属八十八师两个团迅速插往敌后,向北占领顾路镇,截断敌五十一军与敌十二军的联系。八十八师、八十九师和九十师所属5个团向白龙港小营房一线的敌五十一军和暂八师发起猛攻。至午夜12时左右,将敌军包围压缩在北起凌家圈、白龙港,南至小营房三甲港的狭窄地域内。5月16日拂晓,敌军组织3个团兵力,在重炮的掩护下,扑向三十军八十八师二六三团钳制的三甲港、王家宅、唐家宅一带,企图撕开口子,与高桥方向之敌十二军重新会合。时二六三团只携有六〇炮、机枪等轻武器,敌我火力配置悬殊,只能就地构筑工事,顽强阻击。经过近一个白天苦战,严密封闭了合围的口子。这时,三十军炮兵团终于克服天雨路滑、河川难渡等困难赶至前线,16日晚发起总攻。三十军八十九师二六七团连续攻下青墩镇、凌家码头后,猛扑敌军军部所在地白龙港。只用1个多小时,就攻占敌军部,生俘敌五十一军少将军长王秉钺及军部全体人员和1个山炮团,并把敌四十师及一一三师分割成两块。17日拂晓,敌五十一师和暂八师在营房圈被全部歼灭。白龙港之战我军俘敌8 000余人。

67. 肝胆相照窑洞对

抗日战争胜利前夕的1945年7月1日,浦东川沙人黄炎培飞赴延安考察。期间于窑洞中与毛泽东对话,阐述了中国的前途与命运。

毛：来延安访问感想怎样？

黄：我生六十年，耳闻的不说，所亲眼看到的，真所谓"其兴也勃焉"，"其忘也忽焉"，一人，一家，一团体，一地方乃至一国，不少都没有跳出这个周期律的支配。大凡初期时聚精会神，没有一事不用心，没有一人不卖力。也许那时艰难困苦，只有从万死中觅取一生。既而渐渐好转了，精神也就渐渐放下了。……一部历史"政怠宦成"的也有，"人亡政息"的也有，"求荣取辱"的也有，总之没有跳出这个周期律。中共诸君从过去到现在，我略略了解的了，就是希望找出一条新路，来跳出这个周期律的支配……

毛：我们已经找到路，我们能跳出这周期律。这条新路，就是民主。只有让人民来监督政府，政府才不敢松懈，只有人人起来负责，才不会人亡政息。

毛、黄延安窑洞纵论执政周期律的一幕距今已整整过去了七十七年。今天，这位清末举子的深邃思想依旧闪耀着真理的光芒，依旧浸透着中国民主人士与中国共产党风雨同舟、肝胆相照的赤诚之情。

1954 年清明节，华东局和上海市党政领导祭扫高桥烈士陵园

新中国成立后,黄炎培历任政务院副总理兼轻工业部部长、全国人大常委会副委员长、全国政协副主席、中国民主建国会中央委员会主任委员等职。

高桥烈士陵园

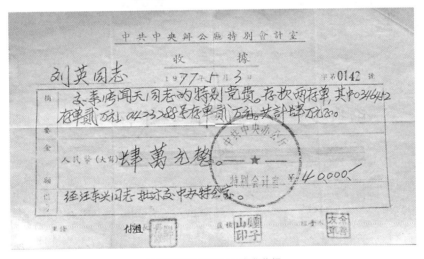

张闻天缴纳的四万元党费收据

1958 年 7 月 14 日,国务院总理周恩来来视察上钢三厂建设中的薄板车间

68. 遵义会议反报告

　　1935 年 1 月 15 日至 17 日,中国共产党的一次政治局扩大会议在遵义的一幢小楼里召开。命运前途、战略方向、指挥权力在小小的斗室里高度凝聚急剧交锋。唇枪舌剑的激辩,劣质烟燃出的烟雾弥漫于一室。1 月初的遵义,天气阴冷,火盆里暗红的木炭,发出的光竟是那样微弱。慷慨陈词、针锋相对,痛心疾首,沉思沮丧,中国革命最高精英们的

雄才大略、人格魅力在斗室中撞击出一束束耀眼的火花。在博古作总报告和周恩来作副报告之后，浦东人张闻天挺身而出，作了反对中央领导单纯防御军事路线的报告。这个报告史称"反报告"。"反报告"为遵义会议彻底否定单纯的防御军事路线定下了基调，也为毛泽东重新登上中国革命最高的政治舞台做出了不可磨灭的贡献。

其实早在长征一开始，毛泽东、张闻天、王稼祥三人因为有病而在一起，这种特定环境，给三人提供了经常在一起交流时局的机会。话题自然而然地集中在不能打破敌人的第五次围剿的主要原因上面。在贵州黄平的一片茂密的橘林里，王问张，红军的最后目标，中央定在什么地方。张说没有一个确定目标。又说，这仗这样打看来不行，还是要毛泽东同志出来，毛泽东同志打仗有办法，比我们有办法。张闻天在回顾这一历史细节时说，长征出发后，他（毛泽东）要我同他和王稼祥住在一起，这样就形成了以毛泽东同志为首的反对李德、博古领导的"中央队"的三人团，给遵义会议的伟大胜利打下了基础（《张闻天传》，当代中国出版社，第197、198页）。

69. 出生入死忠于党

林钧，浦东川沙人。当过学徒，后相继在江苏省立师范学校、上海大学学习，期间深受瞿秋白、恽代英影响，不久被选为上海大学附设的平民学校校务委员会主任委员。"五卅"惨案发生，林钧作为学联领袖，同上海总工会、商会等群众团体，联合举行罢市、罢工、罢课。1926年6月11日，在南市公共体育场召开有20万人参加的市民大会，林任大会主席，声讨帝国主义罪行，提出"惩凶""赔款""取消领事裁判权""撤退外国军队"等17项交涉条件。会上，与李立三等5人被推选为工商学界代表。1927年3月22日，上海工人第三次武装起义成功后，成立上海特别市临时市政府,林任秘书长。4月27日,林钧出席在武汉召开的中国共产党第五次全国代表大会。会后,任武汉国民政府劳动部秘书。在"七·一五"汪精卫叛变革命后,参加南昌起义。他在南下广东途中与部队失去联系,转道香港回沪,在奉贤曙光中学秘密成立奉南川联合支部,开展农民运动。中共淞浦特委成立后,任宣传部部长。民国十九年1月,与周大根、宋益三在周浦镇遭保安队逮捕,转辗押至南京,获刑8年。民国二十三年,经邵力子保释出狱。民国二十六年,抗日战争爆发,在八路军驻沪办事处领导下,任情报、策反和军事组织工作。翌年夏,受派遣进入浦东"边区民众抗日自卫团第四大队"。"边抗四大"撤离浦东后,回沪继续从事情报工作。民国三十年夏,去浙西从事策反工作。民国三十三年5月20日,经过浙江德清县时,遭国民党特务杀害。

70. 坚贞不屈王剑三

王剑三,浦东杨园金光村人,就学川沙两等小学学堂,后考入松江中学,中途辍学。不久任龚路镇明强小学校长,之后又考入江苏省立第三师范学校,毕业后留该校附小任教。1924年,任川沙县师范讲习所教务主任。经林钧介绍,王剑三认识了侯绍裘、张曙时、李立三等共产党人后,加入中国共产党,之后又加入中国国民党。八、九月间,侯绍裘、张曙时等在中共江苏省委指示下成立国民党江苏省党部,王剑三即在川沙成立国民党川沙县党部,任主任委员。次年春离川,被中共江苏省委任命为特派员。是年冬,林钧在上海主持召开奉、南、川三县国民党县党部负责人会议,研究配合上海工人武装起义,筹备组织各县新政权。王剑三被推派为川沙方面负责人。1927年3月22日,上海工人第三次武装起义成功。翌日,王率众夺取川沙县军阀政权,成立临时县政府。"四·一二"反革命政变后,王剑三等11人被捕,关押于上海枫林桥。在狱中,王剑三受尽酷刑,坚贞不屈。4月26日被敌人杀害。1956年,为纪念王剑三,将杨园金光村振华小学改名剑三小学。

71. 革命同盟黄竞武

黄竞武,浦东川沙人,黄炎培次子。清华大学毕业后,赴美国哈佛大学学习,获经济硕士学位。民国十八年(1929年)回国,在湖南沅陵任盐务稽核所所长时,因拒与盐商通弊,被停职。抗日战争期间,投身革命运动,参加中国民主同盟,任总部组织委员兼国外关系委员会委员。国共和谈时一度任周恩来翻译。抗日战争胜利后回沪,担任中央银行稽核,加入民主建国会。民国三十七年冬,黄竞武被推选为上海民建常务干事,开展地下秘密活动,收集金融情报。民国三十八年4月,上海临近解放,国民党政府妄图偷运中央银行金库财物去台湾。黄竞武为保护即将归于人民之财物,组织公众罢工抗运。之后又积极配合共产党地下组织对国民党汤恩伯驻浦东某部进行策反,同时为竭力保护民建组织不遭破坏,把全体会员名册及重要文件转移到安全处。5月12日,他被国民党政府国防部保密局特务逮捕,在狱中受尽酷刑,忠贞不屈,严守机密。5月18日凌晨被秘密活埋杀害。

72. 恩来朱德访浦东

1958年7月14日,中国共产党第一代领导人、国务院总理周恩来乘船,从黄浦江西岸,亲赴位于黄浦江东岸周家渡的上海第三钢铁厂视察。视察中,周总理走进车间与工人亲切交谈,详细询问生产生活情况。在建设薄板车间工地仔细了解建设进度。在炼钢炉前,拿起滤镜观察高炉生产运营情况。周总理在上钢三厂留下了风尘仆仆的身影。

1959 年 4 月 6 日,中华人民共和国副主席、中华人民共和国元帅朱德,在上海市市委书记处书记魏文伯、市农委负责人张耀祥陪同下,视察浦东县红旗人民公社(今为金桥镇地区)金桥大队七队的油菜卫星田,并向当地老农了解油菜种植和田间管理的情况。

73. 四万党费赤子心

1976 年 4 月的一天,张闻天自知将不久于人世,便要夫人刘英坐到他的床前,对她说:我不行了……别的倒没有什么,只是这十几年没能为党工作,深感遗憾。他嘱咐刘英:我死后替我把补发给我的工资和解冻的存款全部交给党,作为我的最后一次党费。那时张闻天的长女维英已经 50 多岁,为维持生计隐瞒了年龄在上海羽绒厂做临时工。有一次维英向父亲诉说生活的艰辛。张闻天听后说:"革命者的后代应该像人民一样地生活。"对于十分需要钱的女儿来说,张闻天无疑是十分的吝啬。他的家人没有因为他而得到任何物质和政治上的好处,相反受到了不少牵连。然而对党、对国家、对人民,张闻天却是那样的慷慨坦荡,从不计较个人的恩怨得失。尽管他在中国革命的紧要关头做出了不可磨灭的历史性贡献,尽管他被撤职罢官含冤受屈整整 17 年,却始终不曾动摇对共产主义的信念。

1976 年 7 月 1 日,张闻天在无锡去世。1977 年 5 月 3 日,中共中央办公厅特别会计室开具了一张特别的收据,上面写着:"刘英同志交来张闻天同志的特别党费。存款两存单,其中 0346452 存单贰万元,0423288 号存单贰万元,共计肆万元正。经汪东兴同志批示交中办特(别)会(计)室。"此时,离开张闻天逝世已经 10 个多月了,距离张闻天平反昭雪还有 2 年零 3 个月。

第四辑　开发开放

孙中山的建国方略
民国政府的大上海计划
社会各界的呼声
开发浦东是几代人的夙愿

在邓小平的大力推动下
1990 年代的第一个四月里
全世界听到了中国
开发开放浦东的声音

74. 浦东开发早研究

1919 年,中国民主革命先驱孙中山在《建国方略》一书中,将上海浦东设想为建设东方大港的重要地区。1930 年代,民国政府实施大上海计划,也将浦东沿黄浦江地区列入开发计划之中。

进入 1980 年代,上海城市老化现象越来越严重。上海向何处发展,怎样发展,是东进、北上、西移还是南下,成为上海市委、上海市政府与上海社会各界所面临的重大思考与抉择。各方专家学者撰写出一批推动浦东开发开放的论著,召开不同形式与层次的开发浦东研讨会。新闻媒体先后发表《在浦东沿江建设新的市中心(1981 年 3 月)》《开挖浦东运河——综合解决上海市改造问题(1982 年 12 月)》《开发浦东的几点看法(1983 年 5 月)》《对上海城市发展方向的探讨(1983 年 11 月)》《一个新的上海可望在浦东形成(1985 年 6 月)》《上海的"特区"在哪里?——结合城市经济体制改革在外高桥建设经济特区》等众多论述浦东开发的文章,逐步形成跨过黄浦江开发浦东的共识。

1986 年,上海市政府向党中央、国务院上报的《上海市城市总体规划方案的汇报提纲》以及国务院的批复,提出了上海向浦东发展,在浦东建设现代新城区的构想。

75. 开发开放四主张

一是主张全面开发浦东地区。从黄浦江边直到长江门南岸,把浦东作为今后上海发展的重点,使之成为上海的政治文化中心、上海同世界的交通联系枢纽、上海新的金融贸易中心区的所在地,并且使浦东的城市建设水平超过浦西,建成世界一流的新城区,成为代表上海的新城区形象。

二是主张开发浦东要为上海的对外开放服务。浦东的主要建设内容要体现在上海同世界的交往和联系上。例如,关于在浦东辟建大型港区,让海轮到上海后不必进黄浦江的设想;关于在浦东建设上海第二国际机场,加强上海的航空建设的设想;关于在花木建设一座大型国际博览场馆的设想;关于在浦东设立一处或几处出口加工区以大力发展外向型经济的设想;关于在浦东推广运用土地批租办法以吸引外商投资的设想。以上的主张与设想,在浦东日后的开发建设中都得以实现。

三是主张开发浦东要以金融、贸易、房地产、信息、交通运输、旅游等第三产业为主。通过浦东开发建设,全面调整上海的产业结构和发挥上海经济中心的功能。关于在浦东新区主要发展第三产业的设想,引起过争论,但仍然获得大多数专家和政府机构的理解和支持,成为占主导地位的思想。其中最富有建设性的意见是在陆家嘴建设上海新的金融贸易中心的设想。

四是主张开发浦东必须深化经济体制改革,大胆推进组织创新来筹集资金、挖掘潜力、提高效益。1980 年代各方面的浦东开发论者,不约而同地主张开发资金来源由过去的单一财政渠道转移到广泛的社会集资,包括向海外集资。这样,势必要求浦东新区的开发体制和企业制度要适应商品经济的运行原则,要强化竞争意识,强化投入产出意识,强化负债开发和及时还本付息意识,强化与国内外开发商联合开发意识。

76. 邓小平推动浦东开发

1990 年 1 月,中国改革开放的总设计师邓小平在上海过春节。大年初一(1 月 27 日)上午,朱镕基、陈国栋等上海市主要领导来到西郊宾馆给邓小平拜年。拜年之际,当话题转到浦东开发准备情况时,邓小平表现出极大的关注。邓小平说:"浦东开发晚了,但还来得及,上海市委、市政府应该赶快给中央报。"朱镕基说:"开发建设的报告不理想,不敢报。"小平接着说:"不用怕,报嘛。"

回到了北京后,小平心里仍然牵挂着浦东的开发。他对政治局的领导说:"我已经退下来了,但还有一件事,我还要说一下,那就是上海的浦东开发,你们要多关心。"2月17日,邓小平接见香港基本法起草委员会全体委员。其间,拉住国务院总理李鹏说:"你是国务院总理,你要关心上海的开发开放。"2月26日,上海市委和上海市政府向中共中央、国务院提交《关于开发浦东的报告》。3月3日,邓小平又找江泽民、李鹏等几位中央负责同志谈话。他说,"目前国际上有些国家发生问题,从根本上说,都是因为经济上不去,长期过紧日子。……假设我们5年不发展,或者是低速发展,这不只是经济问题,实际上是个政治问题。……机会要抓住,决定要及时,要研究一下哪些地方条件更好,可以更广大地开源。"小平强调说:"比如抓上海,就算一个大措施。上海是我们的王牌,把上海搞起来是一条捷径!"

从此,研讨认证了近10年的浦东开发进程开始加速推进。

77. 党中央决策浦东开发

1990年4月14日至18日,中共中央政治局常委、国务院总理李鹏在上海视察。4月15日,李鹏听取了上海市的工作汇报和开发浦东的设想。4月18日,在中德合资上海大众汽车有限公司成立五周年庆典大会上,李鹏向全世界宣布:中共中央、国务院同意,要加快上海浦东地区的开发,在浦东实行经济技术开发区和某些经济特区的政策。这是我们为深化改革、扩大开放作出的又一重大部署。我们欢迎外国的企业家以及港澳同胞、台湾同胞和海外侨胞投资参加浦东的开发,我们将为此提供优惠的合作条件和日趋完善的投资环境。

李鹏又说,开发浦东、开放浦东,对于上海和全国都是一件具有重要战略意义的事情。中央要给以必要的支持,全国各地也要给予积极

1980 年代末的浦东陆家嘴地区

1990 年 4 月 18 日,宣布浦东开发开放

的支持,但更主要的是要依靠全上海人民的支持和努力。上海有良好的工业基础,有众多的科学技术人才和经营管理人才,有几百万有着光荣革命传统的产业工人,有四通八达的交通网络,又有同国外广泛的联系渠道,依据这些综合优势和中央给予的政策,我们可以有计划分步骤地扎扎实实地把浦东建成一个设施配套比较齐全、现代化的和外向型的工业基地。我希望上海的同志们把开发浦东的事情办好,使上海焕发出新的活力,为国家的社会主义现代化建设作出更大的贡献。

78. 江泽民重申开发决心

1993 年 5 月 12 日,中共中央总书记、国家主席、中央军委主席江泽民视察浦东新区,亲切慰问杨浦大桥的建设者。视察途中,面对新闻媒体,江泽民重申:"中央对于上海未来的发展寄予很大的希望。希望上海在深化改革,扩大开放,加快建立和完善社会主义市场经济体制,从而为经济发展上一个更大的台阶奠定坚实的基础,诸方面取得新的成就。中央开发和开放浦东的政策是坚定不移的,不会改变的。"

1994 年 4 月 28 日,江泽民视察金桥出口加工区,在金桥开发公司粼粼大厦办公楼内,面对新闻媒体再次重申:"党中央、国务院关于开发开放浦东的决策坚定不移,政策坚持不变。"

79. 胡锦涛提出开发新希望

2004 年 7 月,中共中央总书记胡锦涛在浦东考察工作时,对浦东开发开放提出明确要求:"要继续搞好浦东开发开放,加快体制创新,不断提高外向型经济层次,努力在更高起点上实现快速发展。"2010 年 1 月

14 日至 17 日,胡锦涛第七次来到上海浦东视察,并希望上海:"开创改革开放和社会主义现代化建设新局面,当好推动科学发展、促进社会和谐的排头兵。"对此,浦东新区领导提出"要当排头兵中的排头兵"。

80. 习近平做出浦东开发新指示

党的十八大以来,站在新时代的历史起点上,以习近平同志为核心的党中央为浦东开发开放再出发指明方向。

2014 年 5 月,习近平视察中国(上海)自贸区,在得知初步形成 30 多项可复制、可推广的改革事项后,总书记强调,上海自由贸易试验区是块大试验田,要播下良种,精心耕作,精心管护,期待有好收成,并且把培育良种的经验推广开来。2016 年,在上海自贸区运营 3 周年之际,习近平总书记再次作出重要指示:"大胆试、大胆闯、自主改,力争取得更多可复制推广的制度创新成果,进一步彰显全面深化改革和扩大开放的试验田作用。"

2020 年 11 月 12 日,在庆祝浦东开发开放 30 周年大会上,习近平指出:"浦东开发开放 30 年的历程,走的是一条解放思想、深化改革之路,是一条面向世界、扩大开放之路,是一条打破常规、创新突破之路。"并且相信能创造出令世界刮目相看的新奇迹,展现出建设社会主义现代化国家的新气象。

81. 登桥喜看今日路

1993 年 12 月 13 日上午,寒风细雨,风力达到 6 级,气温骤降至摄氏零度左右。中国改革开放的总设计师邓小平在上海市市委书记吴邦国、市长黄菊陪同卜视察了内环线浦东段的罗山路、龙阳路两座立交桥后，欣然登上杨浦大桥远眺浦东开发建设新气象，情不自禁地笑吟道："喜看今日路，胜读十年书。"①并对身边的吴邦国、黄菊说："这是出自我内心的话。"邓小平又握着杨浦大桥建设总指挥朱志豪的手，热情赞扬："这是上海工人阶级的胜利，我向上海工人阶级致敬！"

82. 浦东开发办公室

1990 年 5 月 3 日下午，上海市人民政府浦东开发办公室在浦东大道 141 号——黄浦区浦东文化馆的一幢二层小木楼挂牌成立。浦东开发办公室主要工作任务是编制浦东开发的详细规划，制订具体的政策措施，并组织、协调浦东开发的各项起步工作。在成立现场，上海市市长朱镕基号召大家："要创造浦东速度、树立浦东风格、培育浦东精神，扎扎实实地苦干、实干、拼命干，披荆斩棘，奋力开拓，把开发浦东的工作做好。"

从此，小木楼前车水马龙，人流不息，成为开发浦东的前沿指挥部。从此，一个伟大的事业从这里起步。当时第一批进入浦东开发办工作的人员有沙麟、李佳能、白文康、张鸣、黄仲杰、董毓柱、王安德、黄开旭、杨小明、方春鸣、李培良、张贤训、舒榕斌 13 位拓荒者，在与小木楼共处的日日夜夜里抒写和描绘了生命中最激越美丽的文字和图画。

83. 浦东开发定方针

1991 年 3 月，在上海市对外宣传工作会议上，上海市委、市政府提

---

① 另有一说为"喜看今日路，胜读百年书"。

出了浦东开发 16 字方针,即"开发浦东、振兴上海、服务全国、面向世界"和"基础设施先行""金融贸易先行""高新技术先行"的"三个先行"的浦东开发战略。在开发步骤上,制订了三张时间表:第一步,"八五"期间,为开发起步阶段,开展大规模基础设施建设;第二步,"九五"期间,为重点开发阶段,坚持基础开发与功能开发并举;第三步,二十一世纪初,进入全面建设阶段,"使浦东成为二十一世纪上海现代化的象征,成为适应国际性城市及外向型经济发展需要的世界一流水平的新区"。

84. 朱镕基香港答记者问

1990 年 6 月 13 日,在香港富丽华酒店举行的记者招待会上,上海市市长朱镕基在回答记者提问时说,关于上海实行开放、开发浦东,其特殊的政策与厦门、深圳相比,基本上差不多,但我认为特点有四个:一,建立自由贸易工业区,以自由港为目标,实行商品、人员、物资、豁免关税和进出自由,同时允许外商在自由贸易工业区内进行转口贸易;二,要引进外资银行,开放证券交易所,把金融搞活;三,在吸引外商直接投资方面,也有一些改进的办法,那就是在老企业里面可以出让一部分股份,同时也可以以吸收股票的形式进行投资;四,在土地有偿转让和开放房地产市场方面,也有一些灵活的政策。

85. 四大公司成立日

1990 年 9 月 11 日,在浦东南路 2111 号由由饭店内,全面负责陆家嘴金融贸易区、外高桥保税区、金桥出口加工区开发建设与管理的陆家嘴金融贸易区开发公司、外高桥保税区开发公司、金桥出口加工区开发公司同时成立,从而标志着浦东开发开放实质性启动。1992年7月28日,全面负责张江高科技园区开发建设与管理的张江高科技园区开发公司成立。由四大公司主导开发建设的四大国家级开发园区是浦东开发开放的聚焦点,浦东经济的聚集点和增长点,也是上海建设金融中心、贸易中心、航运中心和科创中心的核心区域。

86. 开发前期预征地

1991年5月,浦东开发首期土地预征的第一次预征土地签约在张桥乡举行,范围涉及沿江地区的张桥、金桥、高桥、高南、高东、严桥6个乡的14个村、50个生产队,土地面积6.79平方公里,其预征土地用于外高桥保税区、金桥出口加工区、陆家嘴金融贸易区的开发建设。经过数次预征,1992年末完成首期预征土地107.17平方公里。

1993年初,浦东新区规划实施第二期土地预征,总面积约60平方公里,范围涉及花木、张江、金桥、张桥、东沟、顾路、杨园、唐镇8个乡的29个村、161个生产队,实际预征集体土地面积24.79平方公里。1993年末,预征土地面积扩大至135.70平方公里,涉及16个乡、131个村、815个生产队。

87. 土地空转走新路

土地"空转"是浦东开发初期,在全面推进开发建设过程中因缺少大量先期开发资金而采取的一种获得资金的方式,即由财政部门根据注入土地面积折算金额开出支票,供开发公司验资注册,再由开发公司交土地管理部门办理土地权证,土地管理部门再将支票还给财政部门完成"空转"。同时,三家单位需要在事先商定好的同一家银行(当时选择了上海国际投资信托公司)开设账户,由三方人员各携此银行同一日期的转账支票一张(土地价格三方认同)交给该银行,之后三家单位各自做会计分录,进行账务处理。

经过"空转",土地使用权即转成开发公司资本。开发公司获得未经开发的土地的使用权(生地),并未真正得到购买土地和开发土地的资金。

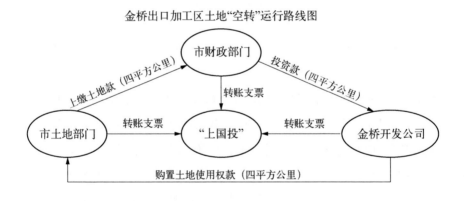

金桥出口加工区土地"空转"运行路线图

88. 一年一样大变样

中国改革开放的总设计师邓小平对浦东开发充满深情,寄予厚望。1992年初,邓小平在上海过春节期间,对上海市的领导同志充满信心地说:"我看上海一年会有一个变化,三年会有大变化,我相信浦东开发可以后来居上。"

同年 3 月 19 日,在上海市政府召开的杨高路建设工地现场办公会上,上海市市长黄菊按照小平同志对上海的希望,提出"两桥一路促三区"的浦东开发三年策略,即以南浦大桥、杨浦大桥、杨高路,带动陆家嘴、金桥、外高桥 3 个开发区的开发建设;做到分段开发,每段集中,一年一步,年年有变化,三年成气候。这年 12 月 8 日,杨高路改扩建工程竣工通车。工程原计划工期 665 天,实际施工 300 天。因此,杨高路工程是上海实现"一年一个样,三年大变样"最生动、最具体的体现。

89. 浦东开发第一企

1990 年 4 月 30 日,宣布浦东开发开放后的第十二天,第一个批准设立的外资项目——上海杜邦农化有限公司在浦东高桥地区(浦东北路 3055 号)举行成立典礼。杜邦农化是上海农药厂联合上海市农药研究所与美国杜邦中国集团公司的合资项目,总投资 2 500 万美元,引进美国杜邦公司 1980 年代中期开发的高技术产品水田除草剂"农得时"。此项目每年生产"农得时"原药 100 吨。"农得时"为当时高效低毒农药,每亩用量仅需 1.3 克,除草效果良好。

上海杜邦农化在宣布浦东开发开放仅仅 12 天后就迅速成立,用实实在在的行动在全世界面前,为浦东开发举旗、张目、造势,产生广泛影响。1992 年 11 月,杜邦农化生产工厂建成投产。

90. 园区投产第一家

1991 年 12 月 30 日,金桥出口加工区第一家日本投资企业上海爱丽丝制衣有限公司投入试生产,成为浦东三个国家级开发区中第一个投产的工业企业,实现了"当年批准,当年筹建,当年投产"的目标;成为当时浦东三个国家级开发区内第一家实施厂房建设,与金桥出口加工区开发公司签订本市第一个土地使用权转让合同,也是第一个在三个开发区中厂房首先竣工并投入生产的工业企业。

1992年12月21日,外高桥保税区第一家出口加工企业、中日合资上海JVC电器有限公司生产工厂建成投产。JVC公司主要生产用于出口的音响、微型组合音响、DVD视盘机及其机芯等产品。1999年至2001年,JVC连续三年名列上海市销售收入排名前50位。

1995年9月25日,张江高科技园区第一个进区的外资项目、总投资2737.7万美元的美国独资企业——联信增压器(上海)有限公司建成投产,主要生产"GARRET"涡轮增压器。

91. 外资贸易第一家

1992年7月27日,经中国政府批准,中国第一家独资外国贸易公司——上海伊藤忠商事有限公司在外高桥保税区开业。伊藤忠上海公司由日本伊藤忠商事株式会社投资注册,可以开展以外高桥保税区为中转地的区内转口贸易,可代理外高桥保税区内企业生产用原材料、零部件的进口和产品出口等业务。

日本著名企业伊藤忠商事株式会社是世界500强之一的综合性贸易公司,创始于1858年,在世界63个国家和地区拥有约120个网点,经营纺织、机械、信息、通信、金属、石油、化工、粮食、食品、生活材料用品等进出口贸易和保险代理、金融、建设、房地产买卖、仓储等多种业务,以及多方位投资。

1993 年 8 月,日本跨国贸易集团公司——丸红株式会社与外高桥联合发展有限公司、中国外运上海公司和外高桥保税区港务公司四方联合组建上海物流有限公司,成为保税区第一家中外合资的物流企业。至 1993 年末,已有日本三菱、伊藤忠、日棉、三井产物、日商岩井、住友、丸红 7 家跨国贸易集团入驻外高桥保税区。

92. 试办外贸子公司

1995 年 9 月,国务院允许率先在浦东试办中外合资外贸公司,允许中央各部委、外省市有条件的外贸公司在浦东开设子公司。9 月 12 日,上海市外经贸委、上海市协作办、浦东新区管委会召开新闻发布会,就此作出相关说明,并宣布,国家允许省、自治区、直辖市、计划单列市及国家有关部门的大中型外贸公司和自营进出口生产企业在浦东新区设立外贸子公司,并授权上海自行审批;凡经外经贸部批准赋予进出口经营权,且前两年年均出口创汇超过 1 亿美元的外贸公司,以及年出口创汇超过 2 000 万美元的生产企业,在浦东新区设立子公司由新区经贸局受理审核。

年末,吉林机械上海进出口有限公司、上海中经进出口有限公司、上海艾迪技术进出口有限公司、张家港市外贸公司、云南五矿上海浦东公司、嘉兴丝绸上海进出口公司、上海中化河北进出口公司等 18 家涉及中央各部委、外省市的外贸公司子公司落户浦东。1997 年 8 月,国内首批中外合资外贸企业上海兰生大宇有限公司、东菱贸易有限公司和中技—鲜京贸易有限公司在浦东成立。同年 9 月,宝钢集团国际贸易总公司(简称宝钢国贸)迁入陆家嘴金融贸易区的竹园商贸区内。

93. 外资企业一万家

2003 年 12 月 17 日,浦东新区第一万家外商投资企业颁证仪式在世纪公园的"海纳百川"会议中心举行。上海市副市长姜斯宪向落户浦东的第一万家外资企业——德尔福中国科技研发中心颁发证书。当德尔福汽车系统副总裁盖伊·哈奇接过证书时,笑意盈盈地称之为"浦东与德"。

德尔福中国科技研发中心落户外高桥保税区,总投资 5 000 万美元,2004 年 7 月 19 日奠基建设。2006 年 4 月 19 日建成开业。德尔福是全球领先的机动车、商用车及其他细分市场的电子与技术供应商,在全球 30 个国家设有技术中心、生产基地和客户服务中心。公司经营范围主要从事汽车及其他有关领域的新产品、新材料、新工艺等业务。

94. 基础设施十工程

浦东开发开放初始,实施"基础设施先行、金融贸易先行、高新技术先行"的三个先行开发战略。在基础设施建设先行中,投资 113.96 亿元,先后建设南浦、杨浦两座黄浦江大桥和上海内环线浦东段(包括杨高路和龙阳路两座立交桥)、杨高路改扩建、外高桥港区一期、浦东煤气厂二期、外高桥发电厂一期、凌桥水厂、上海合流污水治理一期以及通信设施等以市政、公用等为主的十大工程。1995 年,十大基础设施工程基本完成。

1996 年起,开始实施以建设浦东国际机场一期、轨道交通(地铁)、上海外环线浦东段、东海天然气、上海信息港为主的第二轮基础设施建设。

南浦大桥(1992 年)

1998 年 12 月 18 日,浦东新区 100 万门电话交换机开通

被誉为浦东开发第一楼的众城大厦（1997 年）

95. 浦东开发第一楼

众城大厦位于陆家嘴竹园商贸区内（东方路818号），由多家企业联合投资建设，故名"众城"，并成立上海众城实业股份有限公司。大厦高100米、建筑总面积3.6万平方米。1992年5月28日开工建设，1994年9月28日竣工。众城大厦从征地、奠基到竣工只用28个月时间，是宣布开发浦东后竣工的第一幢楼宇，充分体现了浦东速度，创造了三个第一：第一流的建设速度、第一个符合房产预售条件、第一个竣工投入使用，并获上海市"白玉兰"优质工程称号的大楼，被誉为浦东开发第一楼。

1993年4月7日，众城股票（600664）上市交易。后被人收购，众城股票先后更名为"中远发展""万业企业"。

96. 申华浦东第一股

1987年3月，位于浦东川沙镇的申华电工联合公司，经上海市体制改革办公室和央行上海市分行批准，由乡级集体所有制企业，改制为上海市首批股份制改革试点单位、市郊首家向社会公开发行股票募集资金的股份制企业。申华电工联合股份有限公司首次发行股票（代码600653）1万股，每股面值100元。公司董事长瞿建国。1990年12月19日，申华电工联合股份有限公司（时公司地址川沙镇南桥路、保健路口）股票在上海证券交易所成立开业第一天上市交易，成为新中国上海证券市场第一批8只股票（俗称"老八股"）中的一只。之后在资本市场上，先后改名为申华实业、申华控股。

97. 银行分行第一家

1990 年 8 月 24 日,中国农业银行上海市浦东分行在位于浦东南路和浦建路交会口的由由饭店挂牌成立。由此,农行浦东分行成为浦东开发开放实施"金融贸易先行"战略的开路先锋,成为浦东金融史上第一家分行、分公司级金融机构。在开业仪式上,农行浦东分行与上海空调机厂、上海福海(木业)企业有限公司等 4 家企业,签订了总金额为 7 300 万元人民币和 1 100 万美元的贷款协议书。

紧跟农行浦东分行支持浦东开发脚步,至这年末,中国人民建设银行、中国工商银行、交通银行在陆家嘴地区先后成立浦东分行。浦东上海国际金融中心陆家嘴核心区建设从此起步。

98. 外资保险第一家

1992 年 10 月 5 日,全国第一家外资保险公司——美国友邦保险公司上海公司经中国人民银行批准,注册浦东,开启外资保险公司迁入浦东或在浦东注册成立新公司的先河。

1996 年 12 月,美国友邦保险公司分拆为友邦上海分公司(经营人寿险)和美亚上海分公司(经营财产险)。友邦上海分公司设址在中山东一路 17 号友邦大厦。公司主要经营人寿保险、健康保险和意外伤害保险等保险业务以及上述业务的再保险等。美亚上海分公司设址浦东南路 855 号,主要经营非人寿保险服务,包括财产险、水险及意外责任险,服务对象为各种规模的企业及家庭。

99. 浦东开发设银行

在浦东开发、金融先行的推动下,1992 年 8 月 28 日,上海浦东发展银行经中国人民银行批准设立,1993 年 1 月 9 日正式开业经营,时为区域性、综合性股份制商业银行。成立第一年实现利润 1.3 亿元,上缴税金 5 900 万元。1999 年 11 月 10 日,浦东发展银行在上海证券交易所上市,发行价每股 10 元,首日开盘 29.50 元,股票交易代码 600000。

今日,浦东发展银行业已成为全国性股份制商业银行,注册资本 294 亿元,总部设在上海中山东一路 12 号。2019 年,浦东发展银行位列《财富》世界 500 强 216 位、中国服务业企业 500 强第 29 位。2020 年 3 月,入选 2020 年全球品牌价值 500 强,位列第 134 位。2020 年末,浦东发展银行总股本 293.52 亿股,第三季度每股净资产 17.48 元。

100. 央行金融领头羊

1995 年 6 月 28 日,银都大厦落成暨央行上海市分行迁入典礼举行。上海市副市长、新区管委会主任赵启正,幽默风趣的个性再次一展风采。在典礼上极具深意地向分行行长毛应梁赠送了一头活蹦乱跳的小白羊,并满怀信心说,上海金融业的“领头羊”从黄浦江西岸迁入东岸的浦东陆家嘴,是浦东金融功能启动的标志,今后一定会有一个接着一个的中外资金融机构进入浦东。

同年 9 月 11 日,日本富士银行上海分行在银都大厦二楼挂牌开业,成为浦东金融史上第一家外资银行。此后,一批中外著名金融机构先后迁入陆家嘴。陆家嘴成为中国金融业的核心区域。

101. 外资银行迁浦东

1996年12月12日,央行发布《上海浦东外资金融机构经营人民币业务试点暂行管理办法》,允许外资银行在浦东率先试点经营人民币业务。30日,花旗银行、汇丰银行、东京三菱银行和兴业银行的上海分行获准迁址浦东试点经营人民币业务。

翌年2月17日,花旗银行上海分行迁入陆家嘴中国船舶大厦,成为允许外资银行在浦东经营人民币业务试点政策颁布后迁入的第一家外资银行。3月27日,首批获准在浦东试点经营人民币业务的汇丰、兴业银行率先在陆家嘴开业,对外经营人民币业务。从此外资银行纷纷迁入浦东,陆家嘴成为中国外资银行最为集中的区域之一。

102. 实施工程四个一

1996年5月7日,浦东新区党工委、管委会召开城市建设会议,宣布近两年着力搞好陆家嘴地区"四个一"工程,以迎接位于浦西的要素市场东迁浦东,实现上海市委、市政府关于"浦东开发明年看陆家嘴"的要求。

"四个一"工程,即滨江大道"一道",建成1 500米滨江大道;陆家嘴中心区"一区",主要建设10万平方米的绿地,即后来建成的"陆家嘴中心绿地";文明景观路线"一线",以杨高路、东方路、张杨路、浦东南路、陆家嘴路等为重点,建设改造沿线绿化、广告、灯饰景观;菊园旧区改造"一块",即动迁改造菊园老旧小区,建设现代新居住区。

南苏州路1455号,上海粮油商品交易所创立时所在地(2010年)

上海期货交易所张江中心(2020年)

　　"四个一"工程由上海市市长徐匡迪任领导小组组长,并成为浦东新区党工委、管委会 1996 年的头等大事。除菊园旧区改造外,"四个一"工程中的其他"三个工程"于 1997 年基本完成。

花木行政文化区(2009 年)

外高桥物流园区(2008 年)

103. 要素市场迁浦东

1996 年 5 月 1 日,在上海市浦东开发领导小组第二次会议上,市政府要求位于浦西的要素市场于 1998 年底前迁入浦东。

11 月 18 日,上海城乡产权交易所率先迁入新上海商业城乐凯大厦,成为浦东的第一个要素市场。12 月 30 日,上海粮油商品交易所从浦西苏州河边的南苏州路 1455 号迁入新上海商业城良友大厦。1997 年 2 月 28 日,上海市房地产交易中心在房地大厦(南泉北路 201 号)挂牌开业。1997 年 12 月 19 日,上海证券交易所迁入证券大厦(浦东南路 528 号)开业交易。1998 年 8 月 18 日,商交所从漕宝路 38 号迁入福山路 455 号新建的商品大楼(后改名全华信息大厦)开业经营。

104. 上海证券交易所

1990 年 11 月 26 日,上海证券交易所批准成立。由于受当时浦东城市基础设施限制,交易所只能选择与浦东一江之隔、位于黄浦路 15 号浦江饭店内开张经营。12 月 19 日 11 时,时隔 40 年,新中国证券交易所的第一锣终于在黄浦江畔敲响。“电真空”成为第一笔交易。当日上市交易的品种还有另外 7 只股票,分别是延中实业(600601)、飞乐音响(600651)、爱使电子(600652)、飞乐股份(600654)、豫园商场(600655)、浙江凤凰(600656)和位于浦东川沙镇的申华电工(600653)。第一日上市交易的 8 只股票日后成为新中国证券市场上家喻户晓的“老八股”。1997 年 12 月 19 日,上交所东迁陆家嘴浦东南路上的证券大厦开业交易。

2019 年 6 月,上交所除主板外又设立科创板。7 月 22 日,科创板首批股票上市。

105. 上海期货交易所

1992年5月28日，注册在浦东张杨路550弄6号的上海第一家商品期货交易所——上海金属交易所在中山北路2550号的物资贸易中心大厦开业经营。由于受当时浦东基础设施条件限制，在上海成立的要素市场大多注册于浦东，而经营场所设在浦西。至1993年11月，凭借浦东开发开放政策的东风，上海又相继创办了煤炭、农资、粮油、石油、化工、建材6家商品期货交易所，其中1993年就成立5家。

1994年10月农资、石油、化工、建材4家交易所（上海煤炭交易所因无业务量，已于之前停止期货交易业务）合并成立上海商品交易所（简称商交所）。1999年金属、商品、粮油3家交易所再次实施合并，组建上海期货交易所。同年5月4日，上海期货交易所在浦电路500号上海期货大厦内开业经营。

106. 联合产权交易所

1994年4月20日，上海城乡产权交易所挂牌运营。1996年3月26日，在上海城乡产权交易所基础上重组成立上海产权交易所。1996年11月18日，上海产权交易所（简称产交所）从浦西迁至浦东新上海商业城乐凯大厦。

产交所实行会员制，会员分一级、二级、三级，其中一、二级会员有权使用交易席位，派遣交易员进场从事产权交易，三级会员享受有关产权交易的信息服务。是年底，产交所共有会员73家，经产交所成交的企业产

权共计 384 家,交易金额 39.98 亿元。2003 年 12 月,产交所与成立于
1999 年 12 月 28 日的上海技术交易所合并,组建成立上海联合产权交易
所(简称联交所)。联交所注册地址为商城路 660 号乐凯大厦。2006 年
联交所在张江高科技园区设立上海联合产权交易所浦东张江分所,为中
小企业的产权交易提供服务。2017 年 1 月 3 日,上海市人民政府批复同
意上海联合产权交易所事转企改制,改制后更名为上海联合产权交易所
有限公司,为上海市国资委出资监管的国有独资公司。12 月 30 日,上海
联合产权交易所有限公司正式成立。这是上海产权市场围绕"转型升级、
创新发展"战略,朝着"做大规模、打响品牌"目标迈进的关键一步。

107. 陆家嘴金融贸易区

　　1990 年 9 月,国务院批准建立中国唯一以金融贸易为核心产业的
陆家嘴金融贸易区,规划面积 31.78 平方公里,位于上海内环线浦东段
(东为罗山路、南为龙阳路)与黄浦江的合围之中。陆家嘴金融贸易区
开发建设规划主要分为小陆嘴的金融中心区、张杨路商业中心(新上海
商业城)、竹园商贸区、花木行政文化区、上海新国际博览中心、联洋居
住区、龙阳和杨东居住区、塘东小区等片块。经过 30 年的开发建设,陆
家嘴已经成为上海中心城区最主要的组成部分、现代化城市的标志,成
为中外资银行和保险公司、要素市场、基金和期货公司高度聚集的地
方,成为中国上海旅游业和会展业的热点区域。

108. 小陆家嘴中心区

　　陆家嘴金融中心区(又称小陆家嘴)位于浦东南路以西、东昌路以

北的黄浦江合围之中,面积 1.7 平方公里。其建设规划是上海市政府与法国政府公共工程部合作项目,体现出 21 世纪城市规划水准。区域内第一个成片开发地块位于陆家嘴东路北、浦东南路以西,在此建设银都大厦、上海招商局大厦、新上海国际大厦和世界金融大厦。1995 年 6 月,银都大厦率先竣工启用。

除了商务楼宇,以旅游、会展、环境为代表的配套设施同步兴建。先后建成东方明珠广播电视塔、滨江大道、中心绿地、海洋水族馆、国际会议中心、二层步行连廊和延安东路、人民路、新建路隧道,以及黄浦江人行观光隧道。金融中心区成为世界上越江隧道分布最为密集的区域。2020 年末,中心区累计建成以金融、办公为主要功能的商务楼宇项目 50 多个,代表性建筑有金茂大厦、环球金融中心大厦、上海中心大厦,是世界上高楼最为密集的区域之一。

109. 垂直耸立金融街

在小陆家嘴金融中心区,一幢幢超高层大楼建成后,先后入驻了许多中外资的银行、保险、证券、基金、信托、期货等金融机构。2016 年,环球金融中心大厦、汇亚大厦、金茂大厦、上海国际金融中心等楼宇中,单就所入驻外资银行就达 31 家,从业人员达到 8 158 人。

除了银行机构,这些大厦还入驻了众多非银行类金融机构。以环球金融中心大厦为例,除入驻法国巴黎银行、德国商业银行、三井住友银行、瑞穗银行、韩国产业银行、富国银行、荷兰 ING 银行等 8 家外资银行、从业人员达到 2 363 人外,另有摩根士丹利、三井住友海上火灾保险(中国)有限公司、苏黎世保险、纽约梅隆西部基金管理有限公司、香港信托资产管理有限公司、瑞穗证券、中信里昂证券、华宝证券、华信证券等非银行类中外金融机构入驻。因此这些高楼被人们形象地称之"垂直的金融街"。

110. 竹园商贸省部楼

竹园商贸区规划范围东至源深路,西至崂山路(时名崂山东路),北至张杨路,南至浦电路、潍坊路,再由东方路向南至浦电路,由浦电路至源深路,世纪大道从中穿越。

商贸区投资建设方大多来自国家部属大企业、外省市企业和市内企业,成为浦东开发初期打"中华牌"的标志、"省部楼宇"建设的聚集地。1995 年 6 月 26 日,由安徽省企业投资兴建的第一座"省部楼宇"——裕安大厦竣工。随着各类功能大楼在商贸区建成,上海期货交易所、上海钻石交易所、上海金融期货交易所在此集聚,并吸引了一批期货公司、证券公司、基金公司在此设立总部或营业部。商贸区成为中国要素市场的重地。

111. 花木行政文化区

花木行政文化区东至民生路,西濒张家浜,南邻锦绣路,北靠杨高中路,面积 1.07 平方公里。开发前为川沙县洋泾乡西漕村 11 队、西华村 7 队地域,规划建成以行政办公、科技文化艺术为主的现代化综合功能小区。开发建设起步于 1995 年,主要由上海浦东土地控股公司负责开发建设。

1995 年 12 月,浦东新区行政办公中心奠基。1998 年 12 月 18 日,区内标志性项目上海科技馆动工建造,总投资 15 亿元。2000 年,浦东新区行政办公中心、世纪广场(世纪大道南道)、轨道交通 2 号线科技馆站(时名杨高南路站)竣工。同年末,中共浦东新区委员会、浦东新区人民代表大会常务委员会、浦东新区人民政府、政协浦东新区委员会及所属行政机构迁入浦东新区行政办公中心。

2001年,上海科技馆、浦东图书馆、浦东青少年活动中心(浦东少年宫)竣工。2002年3月26日和11月30日,东方艺术中心、浦东展览馆(时名浦东文献中心)2个大型文化项目先后动工。2002年至2010年,先后竣工的项目有东方艺术中心、上海市公安局出入境管理局大楼、上海海事法院大楼、上海市公安局浦东分局大楼、上海市浦东新区检察院大楼、上海市浦东新区人民法院大楼、中国银联大厦、汇商大厦、同润商务园、银华大楼、浦东市民中心、金鹰大厦(A、B楼)、东怡大酒店,以及5号绿地等,共计18个项目。辟建了迎春路、丁香路、合欢路、含笑路、银带路等区域性道路。入驻机构有(上文已述机构除外)上海市公安局出入境管理局、上海海事法院、中国银行业监督委员会上海局、中国保险监督委员会上海局、中国证券监督委员会上海局、浦东新区人民法院、浦东新区人民检察院、上海市公安局浦东分局等。

112. 中国第一保税区

1990年9月,国务院批准设立中国大陆第一个保税区——上海市外高桥保税区。保税区位于浦东新区东北部,东临长江入海口,规划面积10平方公里。1992年3月9日,首期0.45平方公里区域封关运行。经过7次封关,2007年封关面积达到8.96平方公里,成为中国13个保税区中封关运营面积最大的保税区。2013年9月,外高桥保税区成为中国(上海)自由贸易试验区主要区域。经过30年开发建设,保税区成为改革创新、先行先试的先行者,连接国内国际两个市场的桥梁和国际贸易的示范基地。在全国保税区中各项经济指标大多排名第一。

113. 七次封关居第一

1993 年 4 月 18 日,在国务院宣布浦东开发三周年之际,中共中央政治局常委、国务院总理李鹏出席保税区 1.55 平方公里封关典礼,加上上年封关的 0.45 平方公里,保税区封关面积扩大至 2 平方公里。

1994 年 12 月 19 日,中共中央政治局委员、国务院副总理李岚清出席保税区第三次面积 3.5 平方公里的封关验收典礼,保税区封关面积扩大至 5.5 平方公里。

1997 年 6 月 18 日,保税区第四次封关验收,增加封关面积 0.9 平方公里。

2001 年 4 月 18 日,保税区第五次封关验收,增加封关面积 1.12 平方公里。

2003 年 5 月 29 日,保税区第六次封关验收,增加封关面积 1 平方公里。

2007 年 4 月 16 日,保税区第七次封关验收,增加封关面积 0.44 平方公里。

经过先后七次封关,保税区封关面积共计 8.96 平方公里,成为全国 13 个保税区中封关运营面积最大的保税区。

114. 外高桥畔物流园

外高桥物流园区位于外高桥保税区东北约 1.6 公里,东至外高桥港区三期码头,西至凌海路,北至东方储罐公司和海运局油库南侧围墙,南到上海外环线(外环绿带)。2002 年 12 月物流园区开工建设。2004

1994 年时的外高桥保税区开发公司办公地

外高桥保税区早期开发时建设的室内步行街(1994 年)

张江高科技园区开发公司早期办公楼(龙东大道 200 号)

临港新城滴水湖畔(2016 年)

年 4 月 15 日，经海关总署等国家八部委联合封关验收后运营，成为全国首家"区港联动"项目，是国家促进国际港航产业与现代物流产业联动发展的先行先试示范区，享受保税区、出口加工区相关政策和上海港的港航资源。保税区物流园区营建起"一线放开、二线管住、区内宽松、自由流通"的运营环境，致力于拓展国际中转、国际配送、国际采购、转口贸易等四大功能。

115. 张江高科技园区

1992 年 7 月 28 日，全面负责上海市张江高科技园区开发建设的上海市张江高科技园区开发公司在峨山路 95 号（东方路口的童涵春制药厂内）挂牌成立。张江园区位于上海内环线浦东段东南侧，龙东大道以南，初期规划面积约 17 平方公里，后扩至 25.9 平方公里。

经过 28 年开发建设，张江园区形成了"鼓励成功，宽容失败"的创新、创业氛围，聚集起集成电路、生物医药、软件与信息等主导产业，入驻了中科院上海药物研究所、人类基因组南方研究中心、国家蛋白质科学中心·上海、上海超级计算机中心、上海同步辐射光源、通用电气、杜邦中国、上海中医药大学、上海科技大学等研发机构和高校，以及一批为科研服务的技术平台。

今日张江正走在建设综合性国家科创中心之路上。

116. 聚焦张江大战略

1999 年 8 月 26 日，上海市市长徐匡迪在北京召开的全国技术创新大会上宣布："上海将集中力量在张江高科技园区建成申城技术创新的示范基地,成为名副其实的国家生物医药产业和国家软件产业的创业基地。"这是上海面向21世纪浦东开发的重大举措,标志着"聚集张江"战略启动。

翌年1月17日,上海市政府发布《上海市促进张江高科技园区发展的若干规定》,成立张江高科技园区领导小组及办公室。在"聚焦张江"战略推动下,张江园区高新技术产业集聚加速推进。浦东软件园一期建成开园、中芯国际集成电路制造(上海)有限公司和上海宏力半导体制造有限公司进区建厂。一批国家级产业基地、研发机构和高等教育机构落户张江园区。

117. 浦东两大软件园

浦东软件园是国家软件产业基地和国家软件出口基地,主要分为郭守敬园和祖冲之园。郭守敬园东至金科路,南至祖冲之路,西至居里路,北至郭守敬路,总建筑面积17.3万平方米,分两期建成。1998年10月开工,2002年9月全部建成。

祖冲之园北至祖冲之路、南至高科中路、东至高斯路、西至金科路。占地45.02万平方米,地上建筑面积48.06万平方米,绿地面积12.2万平方米。2004年12月动工建设,2006年3月开园。至2010年底,完成5.5万平方米汇智湖,沿湖景观工程以及生态园、数码天地、人文走廊等景观绿化项目,交付使用建筑面积约10万平方米。2014年12月,汇智国际商业中心建成启用,祖冲之园全面竣工。

118. 金桥经济技术区

金桥经济技术开发区曾名金桥出口加工区,初期规划开发面积

19.94 平方公里,以金桥路为界,分为东西两部。东部约 16 平方公里为现代工业园区,西部近 4 平方公里为管理生活区。2001 年,王桥工业区并入金桥,面积扩大至 27.38 平方公里。20 世纪末,金桥形成了汽车及零部件、电子信息、现代家用电器、生物医药与食品四大支柱产业。金桥一度成为生产"世界品牌家电"的代名词(生产基地)。国人从购买的家电铭牌上认识了金桥出口加工。21 世纪初,金桥二次创业,开创生产性服务业领域。除此,金桥还成功开发建设了外籍人士高度聚集的碧云国际社区,蝉联国家生态工业示范区。

119. 王桥华夏六里园

1990 年 9 月,陆家嘴、外高桥、金桥三个开发区建立后,1992 年 7 月,在张江地区成立张江高科技园区。同年,位于浦东地区的川沙县政府呼应浦东开发开放,先后建立了上海王桥工业区和上海华夏文化旅游区。在浦东有了金融、出口加工、贸易、旅游为主的开发区后,1994 年 9 月,以现代农业为主的上海孙桥现代农业开发区在孙桥地区成立。同年,又在六里地区规划建立了上海六里现代生活园区。

21 世纪初,王桥工业区并入金桥出口加工区,成为金桥南区。六里生活园区并入陆家嘴金融贸易区。华夏文化旅游区因各种因素,约在 2010 年前停止运营。2009 年南汇区划入浦东新区后,增加了上海临港产业区、浦东康桥工业区、上海国际医药园区、南汇工业园区。

120. 浦东机场保税区

2009 年 7 月,国务院批准设立浦东机场综合保税区(简称机场综保区),规划面积 3.59 平方公里,位于浦东机场第三跑道西侧,东至机场第三跑道停机坪,南至横 10 路,西至 A30 公路东辅道,北至横 0 路。2010 年 4 月 2 日,机场综保区(一期)1.6 平方公里通过国务院联合验收组封关验收。5 月 24 日,上海市政府第 76 次常务会议审议通过《上海浦东机场综合保税区管理办法》,5 月 28 日由上海市市长韩正签署市政府第 44 号令公布,7 月 1 日起施行。9 月 28 日,第一单货物顺利通关,正式启动运营。

121. 上海临港产业区

上海临港产业区位于浦东最东南部的大治河以南、东海杭州湾口,面积 241 平方公里,主要分为重装备区、物流园区、主产业区、综合园区、奉贤园区五大功能区块,由上海市临港产业区管理委员会负责开发建设和管理。产业区已经基本形成了汽车整车及零部件、大型船舶关键件、发电及输变电设备、海洋工程设备、航空零部件配套五大装备产业制造基地。

物流园区依托洋山保税港和浦东国际航空港,作为建设上海国际航运中心的重要组成部分,大力发展保税物流和非保税物流。随着临港装备制造产业与现代物流业的集聚效应和联动发展,启动开发建设航空产业园区和临港奉贤园区,将为临港产业区进一步提升装备产业和供应链能级提供新的发展空间。

临港产业区已成为全国最大最先进、成套最全的新能源装备制造基地之一,全国最大最先进、成套最全的船用柴油机制造基地之一,全国最大最先进的挖掘机制造基地之一,全国最先进的精密机床制造基地之一。中船集团、中国商用飞机公司、特斯拉、上海电气、上海汽车、沃尔沃发动机、蒂森克虏伯、瓦锡兰柴油机、卡尔玛港口机械、中集集装箱等中外著名大型企业入驻。

122. 洋山特殊保税区

2020 年 1 月,国务院批复同意设立洋山特殊综合保税区。洋山特殊综合保税区由芦潮港区域、小洋山岛区域、浦东机场南部区域等 3 个区域、5 个区块组成,规划面积 25.31 平方公里,是中国唯一的特殊综合保税区。相对于其他保税港区、综合保税区,洋山特殊综保区具有“一线放开,二线管住”的特点。所谓“一线”即国境线,“二线”即与非特殊综合保税区的连接线。具体在申报模式上,除法律法规要求必须进行申报的外,“一线”对于不涉证、不涉检的货物,采用径行提货、发货模式;“二线”由以往区内外企业双侧申报制度改为区外企业单侧申报制度。5 月 12 日,洋山特殊综合保税区(一期)通过联合验收组验收,通过验收的(一期)区域包括原洋山保税港区陆域和洋山深水港区一期至四期,面积 14.27 平方公里。5 月 16 日,洋山特殊综合保税区正式揭牌运营。

123. 洋山建设深水港

洋山深水港由港区、芦潮辅助作业区和东海大桥 3 个部分组成。港区部分位于浙江崎岖列岛北部岛链的小洋山岛侧,芦潮配套辅助作业区位于上海芦潮港东侧人工半岛南部海边。整个工程总投资 213.85 亿元,分三期建设。2002 年 6 月开工,至 2008 年末全部建成。一期码头岸线长 1 600 米,有 5 个能停靠第五、六代集装箱船泊位,设计年吞吐能力 220 万标准箱。二期码头岸线长 1 400 米,有 4 个 7 万吨级集装箱船泊位,设计年吞吐能力 210 万标准箱。三期码头岸线长 2 600 米,有 7

个 7 万到 15 万吨泊位,设计年吞吐能力 500 万标准箱。整个港区陆域总面积 833.18 万平方米。此区域现为洋山特殊保税区组成部分。

124. 滴水成湖五百顷

滴水湖位于南汇新城,处于杭州湾与长江河口交汇处的东海之滨,距离上海市中心约 76 公里,是南汇新城的中心湖泊。滴水湖设计构思来源于最初对南汇新城的总体规划方案:一滴来自天上的水滴,落入大海,泛起层层涟漪,水滴落入处形成湖面。

2002 年 6 月 26 日,滴水湖动工开挖。2003 年 10 月 18 日,滴水湖正式开闸引水,水源来自大治河。滴水湖呈正圆形,直径约 2 600 米,总面积约 556 万平方米,蓄水量约 1 620 万立方米,最深处约 6.2 米,湖中还有三个总面积为 48 万平方米的小岛。其中北岛被誉为“娱乐之岛”,位于滴水湖的北面,占地约 23.5 万平方米。根据规划,北岛将建设一个有海洋特色的游乐园,其中涵盖水世界、绿洲、游戏隧道、蓝鲸表演艺术中心等。西岛占地约 6 万平方米,定位为商务和旅游住宿区,规划建设标志性的两幢高星级酒店。南岛占地约 14 万平方米,为水上休闲娱乐岛,现建有皇冠假日酒店、游艇俱乐部、会议中心等设施。

125. 东南明珠临港城

上海临港新城总体规划用地面积 296.6 平方公里,[①]规划范围:北至大治河,西至 A30 高速公路—南汇区界,东、南至规划海岸线围合的

---

① 见于《上海临港新城总体规划》,批复日期 2014 年 1 月。

区域;分别由主城区、综合区、主产业区、重装备园区和物流园区组成,涉及万祥、泥城、书院、芦潮港 4 个镇和申港街道,并通过围海造地形成大批陆地。

2002 年 10 月起,各路建设队伍汇集港城建设工地,开展筑港建城会战。2003 年 10 月,根据《上海市临港新城管理办法》,设立市人民政府派出机构——上海市临港新城管理委员会(2003 年 10 月至 2010 年 2 月),负责临港新城的开发建设与管理。2006 年 11 月,临港新城主城区申港街道办事处成立。2008 年 5 月,南汇区区级机关从惠南镇迁至临港新城申港大道新址办公。2009 年 10 月,市政府将临港新城主城区划归浦东新区管理,实行"区级区管",成立上海市浦东临港新城管理委员会(筹),由浦东新区负责开发建设。2010 年 2 月,根据《上海市临港产业区管理办法》,设立市人民政府派出机构——上海市临港产业区管理委员会(2010 年 2 月至 2012 年 8 月),负责临港产业区行政事务的归口管理。2012 年 8 月,根据《上海市临港地区管理办法》,设立市人民政府派出机构——上海市临港地区开发建设管理委员会,并委托浦东新区管理,负责统筹推进临港地区开发建设。同年 8 月,撤销申港街道和芦潮港镇建制、调整老港镇部分行政区划,成立南汇新城镇。新城镇面积 152.15 平方公里,户籍人口 3.15 万人。

126. 浦东综合配套改革

2005 年 6 月 21 日,国务院批准浦东进行综合配套改革试点。浦东综改宗旨:着力转变政府职能,着力转变经济运行方式,着力改变二元经济与社会结构;要把改革和发展有机结合起来,把解决本地实际问题与攻克面上共性难题结合起来,把实现重点突破与整体创新结合起来,把经济体制改革与其他方面改革结合起来,率先建立起完善的社会主义市场经济体制,为推动全国改革起示范作用。12 月 28 日,上海市政府在新闻发布会上宣布:浦东综改重点是创新政府管理体制、市场运行机制、经济增长方式、城市发展模式、社会治理机制。翌年 3 月 25 日,上海市委、市政府召开浦东综改推进会。3 月 27 日,浦东召开干部大会,全力推进综改试点,"当好改革开放排头兵的排头兵"。

127. 功能区域管委会

2004 年,浦东新区深化行政体制改革,按区域功能特点,设立功能区管理机构体制。9 月 28 日,中共浦东新区委员会、浦东新区政府发出《关于建立陆家嘴等四个功能区域党工委、管委会的通知》。10 月,按照城乡一体发展总体布局,以陆家嘴金融贸易区、外高桥保税区、金桥出口加工区、张江高科技园区为主体,组建成立了包含有街道、镇在内的陆家嘴功能区域、外高桥功能区域、金桥功能区域、张江功能区域。翌年 9 月和 12 月分别组建了三林世博功能区域和川沙功能区域(川沙新镇)。各功能区域分别设立管理机构工作党委和管理委员会。区属委、办、局等职能部门的管理职能部分下放至功能区域。

2009 年 11 月 18 日,上海综合保税区管理委员会成立,外高桥保税区纳入上海综合保税区范畴,中共外高桥功能区域工作委员会、外高桥功能区域管理委员会机构职能停止履行。2010 年,另外 5 个功能区域管理机构职能发生变化,机构名称随之变动。其中陆家嘴、张江、金桥、三林世博功能区域,管辖范围去除街镇(管辖职能和面积缩小)管理职能,仅管理开发区区域(世博区域),并分别改名为陆家嘴金融贸易区管理委员会(筹)、金桥出口加工区管理委员会、张江高科技园区管理委员会,世博核心区配套工作指挥部,川沙则去除功能区域职能名称,保留川沙新镇人民政府职能和名称,所管理职能和面积不变。

中国(上海)自由贸易区外高桥保税区片2号门(2014年)

上海市浦东综合配套改革试点推进工作会议

128. 浦东市民中心

2006 年 10 月 18 日,浦东新区在全市率先建立第一家区级市民中心,为浦东新区改进政府服务、加强社会建设的一个重要平台。379 个办事项目进入市民中心窗口,各委办局 140 多条专线接入中心平台。市民中心的职能包括行政许可、公共管理、公共服务、政府信息公开、政府与社会组织合作、效能监察 6 个方面。

中心设有市民广场、市民长廊、市民会堂和市民茶座。市民广场和市民长廊主要展示浦东发展、市民文化、社区文化,是开展市民活动的重要场所。慈善基金会浦东分会、社工协会、慈爱公益服务社,在市民广场定期开展慈善物品受赠和义卖活动。市民会堂是市民的讲台,也是社会性、公益性和非营利性组织开展活动的舞台,为市民培训、市民互动等活动提供方便,市民茶座是市民的沙龙,是工、青、妇和社会组织活动的舞台,是市民与市民、市民与社会、社会与社会交流的平台。市民中心内设立的法律援助中心是中国(港、澳、台除外)首家为经济困难的公民免费提供法律援助服务的政府机构。

浦东市民中心成立后,不断优化服务,最终演变为主要服务于企业的浦东新区企业服务中心。

129. 欧佩克会开五月

2001 年 6 月至 10 月,亚太经济合作组织(APEC)系列会议在浦东陆家嘴召开,这是新中国成立以来召开的规模最大、时间最长的国际性会议,有中国、中国台湾、中国香港、美国、俄罗斯、日本、加拿大、韩国、新加坡、新西兰、泰国、马来西亚、秘鲁等 21 个国家和地区出席。

期间,6 月 6 日至 7 日,举行成员国贸易部长会议;8 月 26 日至 31 日,举行中小企业部长会议;10 月 15 日至 16 日,举行第四次高官会及相关活动;10 月 17 日至 18 日,举行外交与外贸双部长会议;10 月 18 日至 20 日,举行工商领导人峰会。此期还举行工商咨询理事会会议;10 月 20 日至 21 日,举行领导人非正式会议,国家主席江泽民出席,并发表《加强合作,共同迎接新世纪的新挑战》讲话。会后,江泽民与其他国家领导人步出会场向新闻媒体宣读《领导人宣言》。浦东新区抓住(APEC)会议在浦东召开的契机,向世界展示浦东开发开放,特别是城市现代建设所取得的伟大成就,并做好会议的各项环境保障等工作。

130. 上合组织诞生地

2001 年 6 月 15 日,中国、俄罗斯、哈萨克斯坦、吉尔吉斯斯坦、塔吉克斯坦、乌兹别克斯坦六国元首在浦东陆家嘴的上海国际会议中心签署《"上海合作组织"成立宣言》和《打击恐怖主义、分裂主义和极端主义上海公约》,从而标志着上海合作组织就此诞生。此后,随着时间的推移,成员国除上述六国外,还增加了巴基斯坦和印度,另外增设了阿富汗、白俄罗斯、伊朗、蒙古 4 个观察国和阿塞拜疆、亚美尼亚、柬埔寨、尼泊尔、土耳其、斯里兰卡 6 个伙伴对话国。上海合作组织设有秘书处和地区反恐怖机构两个常设机构。

131. 自由贸易试验区

2013 年 9 月 29 日,中国(上海)自由贸易试验区成立,由外高桥保税区和外高桥保税物流园区、洋山保税港区、浦东机场综合保税区组成,合计面积 28.78 平方公里。自贸区实施负面清单管理,对清单以外领域,外商投资项目由核准制改为备案制,政府职能从注重事前审批转为事中事后监管。2014 年 12 月,自贸区扩展到陆家嘴金融区片区、金桥经济技术区片区和张江高科技园区片区,面积增加至 120.72 平方公里。同年 12 月 21 日,国务院印发《关于推广中国(上海)自由贸易试验区可复制改革试点经验的通知》,将投资管理、贸易便利化、金融和服务业领域的 23 项措施和事中事后监管方面的 5 项措施推广至全国。

132. 建设现代引领区

2021 年 7 月 15 日,《中共中央国务院关于支持浦东新区高水平改革开放打造社会主义现代化建设引领区的意见》正式发布,赋予浦东新区改革开放新的重大任务。《意见》提出,支持浦东勇于挑最重的担子、啃最硬的骨头,努力成为更高水平改革开放的开路先锋、全面建设社会主义现代化国家的排头兵、彰显"四个自信"的实践范例,更好向世界展示中国理念、中国精神、中国道路。

浦东打造社会主义现代化建设引领区的五个战略定位:更高水平改革开放的开路先锋、自主创新发展的时代标杆、全球资源配置的功能高地、扩大国内需求的典范引领、现代城市治理的示范样板。

发展目标为:到 2035 年,现代化经济体系全面构建,现代化城区全面建成,现代化治理全面实现,城市发展能级和国际竞争力跃居世界前列。到 2050 年,浦东建设成为在全球具有强大吸引力、创造力、竞争力、影响力的城市重要承载区,城市治理能力和治理成效的全球典范,社会主义现代化强国的璀璨明珠。

第五辑　产业经济

手持泥刀斧头
走出浦东田野
水木两工
上海滩上显声誉

钢铁船舶石化工
汽车医药微电子
六大产业
迭代更新展宏图

133. 港口码头运输业

上海开埠后,浦东产业经济以港口运输、造船、石油化工、建材、纺织为主,在沿黄浦江东岸形成一条狭长的产业经济带。

1865年,外商在陆家嘴建设立德成仓栈。立德成仓栈占地3.33公顷,岸线1200余英尺,成为浦东的第一座现代化意义的运输码头。20世纪上半叶,沿黄浦江东岸一线较为著名的港口码头有英商的蓝烟囱码头、日商的三井码头、美商的美孚火油码头、华商的华栈码头和中华码头等。至1990年,北起高桥港、南至川杨河的浦东黄浦江岸线几乎布满了各类水运码头(包括江边企业的专用码头),共计万吨级泊位35个,主要装卸运输煤炭、粮食、木材、石油等生产和生活物资。经营管理港口码头的主要企业有上海港的民生、新华、东昌装卸公司和上海港的煤炭装卸公司、木材装卸公司。

至2020年,浦东黄浦江岸杨浦大桥至徐浦大桥区间的生产运输码头全部迁出,成为市民的生活休闲岸线。

134. 一枝独秀建筑业

由黄炎培主编的民国《川沙县志》载:"川邑工业,水木两工,就业上海在建筑界卓著信誉。"

1880年,浦东川沙蔡路人杨斯盛在上海创立第一家现代意义上的营造厂。由此,以杨斯盛为旗帜,传统的川沙建筑工匠在上海滩创办了一批建筑企业,建造了一批具有影响力、代表上海20世纪上半叶的建筑项目,如中国银行大楼、先施公司、和平饭店、七重天大楼、杨树浦发电厂等。1940年代,有上千名川沙建筑工匠远赴新加坡、菲律宾、印度尼西亚、美国及中国港澳等地开拓新的建筑业务。1950年代,1万余名建筑工人奔赴全国各地支援156项重点工程建设。在长春第一汽车制造厂、鞍山钢铁厂、洛阳东方红拖拉机厂等建设工地留下了川沙人勤劳的身影、智慧和汗水。中华人民共和国国庆10周年前,首都建设人民大会堂、北京火车站、中国历史博物馆、钓鱼台国宾馆、工人体育场、民族文化宫等10大标志性建筑工程,上海又有一批能工巧匠进京参加建设,其中川沙人又占了大部分。川沙的"建筑之乡"由此得名。

改革开放后,川沙县建筑工人参与了上海污水南区干线、沪嘉和莘松高速公路、黄浦江上游引水工程、上海石洞口电厂、南浦大桥和杨浦大桥建设等工程。

135. 毛巾工业发源地

1900年,川沙文人沈毓庆在川沙镇自己家中内史第创办经记毛巾厂,开浦东毛巾业先河。之后迅速发展,盛极一时。在抗日战争全面爆发前的1936年,以川沙镇为中心,大大小小毛巾厂达到202家,织机5 371台,职工8 600多人,年产毛巾260万打。毛巾产品销往全国并出口东南亚。著名品牌有三友实业社的"三角牌"和经纶毛巾厂的"雄鸡牌"。八年抗战中,川沙毛巾业处于停顿或半停顿状态。1949年5月,川沙毛巾厂达到315个,织机6 033台,其中50人以上的工厂有20个,从业职工9 687人。

新中国建立后,实行公私合营,毛巾业机械化程度进一步提高。1959年年产毛巾592万打,其时川沙漂印厂有职工583人、江镇棉织厂有570人、蔡路棉织厂有436人。改革开放后,随着上海工业产业结构

调整,浦东川沙毛巾业由盛转衰,至 20 世纪末,实体织巾企业已经基本
停产关闭。

136. 石化工业此地兴

1937 年,日本丸善石油株式会社凭借日本侵略者在中国的势力强
占江心沙土地 19.8 公顷,建成储油所和制油所。抗日战争胜利后,民国
政府经济部资源委员会将这些石油设施作为敌产收归国有,并将储油
所和制油所分别称之东厂和西厂。

1949 年 5 月 26 日,高桥地区解放。1950 年 6 月 1 日,在东厂、西厂
基础上成立上海炼油厂(江心沙路 1 号),成为华东地区的第一家炼油
企业。由此,新中国上海石化工业在江心沙上起步。1950 年代中期,上
海市政府就以上海炼油厂为基础制订出建设高桥石油化工基地的规
划。1960 年 10 月,高桥化工厂 500 吨聚苯乙烯中型试验车间建成投
产。至 1971 年,在高桥地区相继建成上海染化十五厂、上海第二化学
纤维厂、上海合成洗涤剂二厂、上海合成橡胶厂以及与化工基地配套的
高桥热电厂、上海石油化工研究所。上海高桥石油化工基地粗具规模,
职工超过 2 万人,积累起一定的技术力量。因此,当 1970 年代初上海
市在金山杭州湾畔建设上海石油化工总厂之时,上海炼油厂、上海高桥
化工厂、上海第二化学纤维厂共抽调 500 名技术人员前往金山支援
建设。

137. 船舶制造钢铁业

浦东现代工业最早起源于造船业。1853 年,英商莫海德在浦东建

造董家渡船坞。1862年,英商尼柯逊同英国和记洋行包义德投资白银10万两,在浦东陆家嘴创办祥生船厂(上海船厂的前身之一,今日此地又成为1862时尚艺术中心)。祥生船厂内设铁厂、锅炉房、干船坞,经营船舶修造,并制造军火。从1860年至1864年这5年中,在浦东先后开办了5家船厂,超过了同时期在浦西开设的船厂数。浦东开发前,浦东有国家级大型造船企业沪东造船厂、上海造船厂以及申佳船厂(4805厂)、立新船厂等,能制造5万吨级远洋运输船,成为中国造船工业的重地。

1913年,陆伯鸿集聚民族资本在浦东周家渡创办和兴化铁厂,成为上海最大的民营钢铁企业。和兴化铁厂后来演变成为上海第三钢铁厂。至1949年,和兴化铁厂仍是上海地区规模最大的钢铁企业。1980年代,上海第三钢铁厂职工超过2万人,成为浦东最大的单体工业企业,年产钢200余万吨,能轧制1 000多种规格品种的钢材。

由杨斯盛创办的杨瑞泰营造厂建造的江海关大楼

1960年,第一船大庆石油运抵上海炼油厂

上海霞飞日用化工厂(2015年)

东方路商业街（1996 年）

上海第一八佰伴新世纪商厦（1995 年末）

138. 东昌商业第一街

东昌路辟筑于 1928 年。后经延伸和拓宽,西起黄浦江边的东昌路轮渡码头,东至浦东南路,全长约 1 公里。1930 年代,东昌路已经成为浦东商业街,经营南北杂货、油盐酱醋、肉庄米店、布匹服装、茶馆饭店、钱庄当铺,成为浦东的商业中心,被称之"浦东的南京路"。东昌路西端的轮渡码头除了每天有大量过江人流外,又是公交 85 路、86 路和通往南汇县城惠南镇沪南线的起始站,所以每逢节假日更是人流络绎不绝,热闹非凡。

1990 年代初,东昌路沿线有大小商店 100 余家,日用百货和各类食品商店俱全,有名牌老店松盛油酱店、大鸿运酒楼等。金融机构有工商、农业、建设、交通银行等网点,还有浦东电信大楼、邮电所等公用设施。随着浦东开发建设深入发展,东南侧现代商业设施——新上海商城建成开业,加之地区居民动迁,东昌路商业街渐渐冷清。之后又由于建设人民路隧道,在东昌路西段设浦东出入口,东昌路商业街的经营长度由此缩短为 400 米左右。从此浦东商业第一街一落千丈、风光不再。

139. 三资企业第一家

1981 年 7 月 27 日,经中华人民共和国对外经济贸易部批准建立的上海市第一家三资(中外合资、中外合作、外商独资)企业——沪港合资的上海联合毛纺织有限公司在浦东陆家嘴烟台路 225 号成立开业,成为上海、更是浦东引进外资的开端。联合毛纺公司经中华人民共和国外资管理委员会批准,国家工商行政管理总局注册登记。注册资本 600

万美元,上海纺织局出资 360 万美元,以厂房、羊毛衫电子横机等专用设备、通用设备、公用设施等折算为投资额,港方投资 240 万美元,以进口先进的粗梳毛纺设备等价款作为投资额。公司占地面积 3 400 多平方米、员工 1 100 余人。开业三年半后,联合毛纺公司收回全部投资。公司曾经获得"全国十佳合资企业"称号。浦东开发后,公司迁至上川路 1111 号。

140. 东方商业一条街

浦东开发开放后,为了快速聚集人气,在金融贸易先行方针指引下,在短期内建成东方路商业街。东方路商业街北起商城路以北,南至峨山路,全长约 2.2 公里。

1993 年 2 月基本完成 10 万余平方米营业面积建设,5 月 8 日首批商店开业。20 余幢风格各异的商业建筑设施,集购物、美食、旅游、娱乐于一街,吸引了上海市属、区属的商贸集团、大店名店以及国家部属和外省市商贸企业进驻。上海时装集团公司、联华超市、上海供销总社、上海第八百货商店、豫园商城、雷允上等在此设店营业。一时位列南京路、淮海路、四川路商业街之后,成为新区规模最大、商业网点最集中、商品种类最多、商品价格最实惠的商贸集散中心。随着新上海商业城建成、新区建设规划调整和竹园商贸区拓展,商业单位或停业或搬迁,此段东方路逐步成为一条以交通为主的城市道路。

141. 中英合资第一家

1983 年 3 月 21 日,由上海耀华玻璃厂、中国银行上海分行、英国皮尔金顿兄弟股份有限公司、联合发展(香港)有限公司合资经营的上海耀华皮尔金顿玻璃有限公司项目合同签字仪式在北京举行,时为中国大陆最大的中外合资项目,建于位于川杨河黄浦江入口处的上海耀华玻璃厂南侧。厂区占地 20 万平方米,建筑面积 9.3 万平方米,总投资 4.3 亿元。公司采用世界上最先进的"浮法工艺"生产平板玻璃,年产量为 550 多万标准箱。1987 年 12 月 27 日生产厂房竣工试生产。1988 年 5 月 7 日正式投产。1993 年公司成为上市公司,在上海证券交易所上市,股票简称耀皮玻璃(股票代码 600819)。此后,上海耀华皮尔金顿玻璃有限公司逐步发展成为集团公司(上海耀皮玻璃集团公司)。2020 年,公司总股本 9.35 亿股,在浦东康桥、常熟、天津、江门、重庆、武汉、仪征建有生产基地。原 1987 年所建厂区因举办 2010 年上海世博会而动迁。

142. 合资造船第一家

1992 年 1 月 11 日,中国大陆造船行业第一家合资企业——中德合资上海爱德华造船有限公司(简称爱德华公司)在南码头路 1 号原中华造船厂沪南分厂挂牌成立,厂区占地 8.48 万平方米,注册资本 500 万美元。2001 年 4 月,爱德华公司人员、资产、经营业务全部转归沪东中华集团公司。2006 年 10 月 20 日,沪东中华集团公司与德国汉莎公司签订《备忘录》,以技术咨询费形式向对方支付 45 万欧元,汉莎公司放弃爱德华公司相关权益仅维持名义上的合作。

2007 年 9 月,爱德华公司厂区因举办 2010 年上海世博会被征用而停产关闭,经营业务由沪东中华集团公司全部承接。生产经营期间爱德华公司为荷兰、丹麦、德国等欧洲国家建造多艘液化气船、集装箱船和化学品船。

143. 乡镇企业美名扬

乡镇企业在浦东工业中占有一席之地。许多乡镇各自建立了本乡的工业小区,较为著名的有六团、张江、北蔡、龚路、合庆、川沙等工业小区。1990 年,浦东乡镇工业企业(包括乡、镇和村、队、居委办工业)3 198 家(未统计三林乡),职工 20.32 万人,工业总产值 39.05 亿元,占是年浦东工业总产值 22.08%。工业利润 3.63 亿元。这一时期川沙县著名的乡镇工业企业有江镇丝绸时装联营厂、上海申光毛绒实业有限公司、上海霞飞日用化工厂、北蔡绣衣联营厂、北蔡汽车空调器厂、上海外贸界龙彩印厂等。江镇丝绸时装联营厂出口创汇从 1985 年至 1990 年连续六年超过 1 000 万美元。1987 年列全国乡镇企业出口创汇第一名,由农业部、外经贸部授予"飞龙奖"。1990 年,江镇丝绸时装联营厂出口产品交货值 9 399 万元,获"全国乡镇企业出口创汇大户"称号。上海申光毛绒实业有限公司 1990 年产值达到 6 139 万元,利润 1 000 万元。上海霞飞日用化工厂 1994 年产值超过 4 亿元,利润 3 743.97 万元。

进入 21 世纪,随着浦东开发的深入,集体土地的大量被征用,工业产业结构的调整,以传统轻纺工业为主的乡镇企业逐渐式微。

144. 名震一时霞飞厂

20 世纪八九十年代,川沙县乡镇企业兴旺发达。然而名气最响的,还是要数位于川沙镇北、川杨河北岸的上海霞飞日用化工厂。1994 年是"霞飞"历史上最辉煌之年。全年产值超过 4 亿元,销售收入 4.5 亿元,位居国内化妆品行业首位,被经济界誉"霞飞现象"。

霞飞除了工厂资金多,当时销售人员的钱包更是鼓鼓的。据说当年在霞飞厂跑供销的人,一年下来收益少则有几十万,多的竟然上百万元,开起了桑塔纳。那时一辆桑塔纳轿车的价格要20余万元。

大打广告战,是霞飞成功的一大策略。全盛时期的霞飞一年的广告费将近千万元。在大陆一二线城市的繁华路段,"霞飞"的大型广告牌随处可见。还邀请当红影星代言,打造"霞飞"品牌形象。

在巨大广告效应下,"霞飞"品牌旗下的美容、护肤、护发、洗发等系列产品迅速打开市场,在全国的销售势如破竹。来"霞飞"进货的人要拿着钱排队,短则三个月、长则半年才能拿到货。真可谓"霞飞、霞飞,一飞冲天"!

然而,由于霞飞本身的先天不足和快速发展带来的管理与技术上的滞后,加上创始人曹建华的离开,许多原本在高增长下被掩盖的经营管理、战略定位等各种问题逐步暴露出来,"霞飞"进入衰退期。此后"霞飞"被上海家化厂收购,然而国有企业的管理模式用在乡镇企业身上明显水土不服,更加剧了"霞飞"的下滑,不到两年就资不抵债,一下子从高峰砸入低谷。如今,"霞飞"厂区依然坐落于川杨河畔,但早已物是人非、门可罗雀。"霞飞"品牌也就成为老一辈人的记忆。

145. 奶牛之乡川沙县

1880年,不知是谁将一头英国黄白花小公牛(奶牛)带入川沙东海边的合庆农村。说来也巧,同年,合庆农民顾金华从上海荷商"爱先社"奶牛场引入一头荷兰黑白花小公牛。就这样,两头长大后的外国小公牛自然成为父本,与本地母本"塘脚牛"杂交(川沙钦公塘以东沿海地区饲养俗称"塘脚牛"的耕牛用于农业生产的犁地、灌溉)。其生育的后代第一代俗称"二夹种",属乳役两用牛。在经过了四代以上杂交后,其体态与父本相仿,已属乳用牛,起名"川沙黑白花奶牛"(俗称外国牛)。1932 年,上海的 77 家华商牧场,饲养奶牛 1 355 头,其中从川沙买进的有 1 082 头。1932 年至 1954 年,川沙县先后出售给全国各地的奶牛有 3 800 多头,遍及江苏、浙江、河北、江西、山西、山东、广东等地。

1949 年,川沙地区农户散养奶牛 551 头。1952 年发展到 1 325 头。农业合作化运动后,川沙县有 56 个农业合作社办起奶牛饲养场。

1958 年 10 月,由顾路、龚路、杨园 3 社合并的幸福人民公社,成立了三家牧场,下设 8 个分场,饲养奶牛 1 630 头,成为全国超千头奶牛的公社之一。1959 年,国务院授予顾路公社"全国农业先进集体"奖状,公社党委副书记朱珊赴京领奖。同年 5 月 6 日的上海《新闻日报》载文,称之为"川沙奶牛之乡"。

1991 年,浦东川沙县饲养奶牛 1.23 万头,达到浦东饲养奶牛数的最高纪录。此后,由于保护环境和城市化区域的扩展,至 2020 年,原浦东新区区域已无奶牛饲养。

146. 稻麦油棉饲养业

浦东农业以种植业为主。主要种植品种有水稻、麦子、棉花、油菜和以供应上海市区居民日常餐桌为主的各类蔬菜。浦东开发开放后,1995 年后停止种植棉花,2001 年后,停止种植油菜。蔬菜生产由沿江一带的洋泾、花木、严桥、六里、杨思、三林等公社(乡)种植。养殖业以饲养鸡、鸭等禽类和生猪、奶牛为主。

浦东饲养奶牛起步较早,始于 1880 年。1985 年,川沙县饲养奶牛 7 700 余头。1990 年,奶牛饲养量逾 1.19 万头,鲜奶产量 3.49 万吨。1985 年生猪饲养量为 34.13 万头,1990 年为 73.19 万头。1985 年,上市肉禽 83.71 万只,上市禽蛋 9 442 吨。1990 年上市肉禽 300.52 万羽,上市鸡鸭蛋 1.45 万吨。

今日,浦东种植业面积已经大幅减少,种植业在内环线、中环线内已基本停止。饲养业中,各类饲养场已经关闭,连农户也不再饲养鸡鸭。

147. 耕地面积知多少

1990 年,浦东耕地面积 23 198 公顷,主要集中于川沙县以及上海县的三林乡。由于浦东开发建设的需要,城市化区域不断拓展,浦东的耕地面积迅速减少。2010 年,浦东在内环线以内已无农业耕地。中环线内,只剩北蔡镇还有少量农田。2010 年末,浦东农业耕地面积(不包括南汇区划入部分)7 222.6 公顷,有效灌溉面积 2 139 公顷,主要分布于外环线外的川沙新镇、合庆镇、曹路镇、高东镇、张江镇和三林镇,其中川沙新镇 2 296.1 公顷、合庆镇 861.8 公顷、三林镇 891.6 公顷,三镇合计耕地面积 4 049.5 公顷,占 2010 年原浦东新区耕地面积的56.07%。从中不难看出浦东开发建设的力度和城市化进程的速度。

148. 1862 有故事

漫步陆家嘴滨江步道时,如果你稍加留意,便会发现在浦东南路与东方路之间的滨江大道旁有一处"1862 时尚艺术中心"的铭牌引人注目。时尚艺术中心冠以数字"1862"耐人寻味。恐怕很少有人知道它背后的故事。

1862 年,英商尼柯逊同英国和记洋行包义德投资白银 10 万两,在浦东陆家嘴创办祥生船厂。1870 年,祥生船厂建成 1 300 吨、长 64.05

米的"公和"号商船。1883年6月25日,北洋大臣李鸿章参观祥生船厂新造的轮船,并参加该船试航典礼。1901年3月24日,祥生船厂与耶松船厂合并,成立耶松船厂有限公司。1936年,耶松船厂有限公司和瑞镕船厂合并,改组为上海英联船厂股份有限公司(简称英联船厂)。1950年代初,英联船厂并入上海船舶修造厂,此时的上海船舶修造厂前身为创办于民国三年的招商局机器造船厂。1985年3月,上海船舶修造厂更名为上海船厂。2005年1月5日,上海船厂在浦东陆家嘴厂区(位于浦东南路1号)建造的最后一艘——5.73万吨散货船"嘉祥山"号签字交船,标志着始建于1862年的上海船厂浦东工厂停业关闭,开始整体搬迁至崇明新工厂。

2007年3月28日,上海船厂船舶有限公司(上海船厂)崇明造修船基地(新工厂)揭牌。新厂位于崇明区江海公路1号。

2019年4月12日,上海船厂(旧址)入选由中国科协调宣部主办,中国科协创新战略研究院、中国城市规划学会共同承办的"中国工业遗产保护名录(第二批)"。上海船厂对于浦东人的记忆影响最深是发生在1970年8月31日的事故。那天下午2时10分左右,因加燃油溢出,又遇违规明火作业,引发第二天出海试航的1.3万吨级"风雷"号火灾。大火至下午5时10分扑灭,造成15人死亡,245人受伤。

对于早期参与浦东开发的人,最能引起回忆的是上海船厂的大礼堂和上船宾馆。那时政府部门条件差,又离位于浦东大道141号新区管委会办公地近,所以许多全区性的大会都在上海船厂的大礼堂里召开。

149. 上钢三厂去了哪

上海第三钢铁厂(简称上钢三厂)位于上南路300号。据《浦东新区统计年鉴 1991》称,1990 年上钢三厂有职工 2 万余人,成为浦东单体工厂中占地面积和职工最多的工厂,是 20 世纪众多浦东人心目中的第一大厂。

上钢三厂历史悠久。1913 年,由留学法国的陆伯鸿开始集资创办和兴化铁厂,同时委托西门子洋行向德国购入 10 吨炼铁炉 1 座,总造价白银 7.2 万两。1918 年 8 月 18 日投产出铁。

1949 年 6 月 20 日,由上海市军事管制委员会接管。8 月 8 日,易名公私合营的上海第三钢铁厂。此时,工厂虽经几多曲折坎坷,但是就其规模而言仍旧是上海钢铁工业数一数二的大厂。从 1950 年代开始,上钢三厂进入快速发展时期,厂区面积增加至 2.32 平方公里。职工由 1949 年的 343 人,增加到 1957 年的 4 800 余人。1958 年 7 月 14 日,国务院总理周恩来从对岸浦西乘船视察上钢三厂。历史的瞬间在三钢人心中留下美好的回忆。

1998 年 4 月,浦钢公司(此时上钢三厂改组为浦东钢铁公司)与德国克虏伯蒂森不锈钢有限公司合资组建上海克虏伯蒂森不锈钢有限公司,总投资 14.3 亿美元。2001 年 11 月,一期工程竣工投产;2006 年 12 月,二期工程竣工投产。

2002 年末,上海申请举办 2010 年上海世界博览会成功后,浦钢公司厂区被规划为上海世博会举办园区。此后浦钢公司生产设备逐步进入关停或转让搬迁阶段。

2003 年 5 月,始建于 1959 年的 630 开坯车间停止生产,生产设备转让。2007 年 7 月 18 日,中厚板生产线关闭停产。10 月,浦钢公司世博园区完成搬迁(罗泾)拆迁任务,历时 89 年的上钢三厂画上了句号。

在搬迁的同时,浦钢公司在宝山罗泾建设新工厂。2007 年 11 月 13 日,浦钢公司罗泾新厂连铸生产线生产出第一块连铸坯。2008 年 3 月 18 日,浦钢公司罗泾新厂 4.2 米厚板生产线建成正式投产。

150. 马勒沪东中华厂

沪东船厂位于浦东大道 2851 号,前身为 1928 年创办的英商马勒机器造船厂。1952 年,易名沪东造船厂。1990 年代前,先后建造"北京号""芜湖号"火车渡轮、"东方皇帝号""东方皇后号"长江豪华游轮以及海上油田开发破冰船等海洋工程船舶。1990 年代初,沪东造船厂入列中国企业 500 强,先后为南浦大桥、杨浦大桥、徐浦大桥、上海证券交易所、上海地铁等工程提供钢梁、钢结构产品。

1996 年 3 月,联合一批科、工、贸企业,组建沪东造船集团公司。1997 年 6 月,沪东造船集团公司与上海船厂联合组建成立沪东重机股份有限公司。2001 年 4 月 8 日,沪东造船集团公司和位于一江之隔的中华造船厂联合组建沪东中华造船(集团)有限公司(简称沪东中华),成为既造军、民用船舶,又制造大马力船用柴油机及大型钢结构的中国特大型造船企业集团。

沪东中华占地 135 万平方米,码头岸线 2 500 米,拥有 360 米×92 米大型干船坞 1 座,700 吨龙门吊 2 座,12 万吨级和 8 万吨级船台各 1 座,2 万吨级以下船台 2 座,总资产 125 亿元。2001 年,沪东中华造船总吨位突破 100 万载重吨,成为中国第一家年造船量突破百万吨企业,率先进入世界造船企业前十名行列。

公司拥有国家级技术中心,下设开发、设计、综试、信息技术研究等部门,形成 1700 箱至 1.3 万箱集装箱船系列,陆续开发建造出 16 万、17 万、22 万立方米电力推进液化天然气船和 17.4 万立方米高效透平及常规蒸汽透平液化天然气船。

151. 外高桥畔造船厂

1999 年 10 月 18 日,由中国船舶集团有限公司(简称中船集团)、宝钢集团有限公司、上海电气(集团)总公司共同投资组建成立上海外高桥造船有限公司,注册资本 1.2 亿元,地址在洲海路 3001 号。同日,动工建设生产工厂。2002 年 10 月,上海外高桥造船有限公司(简称外高桥造船)工厂一期工程竣工。2005 年工厂二期工程竣工。

外高桥造船占地 210 万平方米,岸线 1 726 米;拥有 2 座 30 万吨级以上超大型干船坞,其中 1 号船坞配置 600 吨龙门起重机 2 台,2 号船坞配置 600 吨龙门起重机 1 台、800 吨龙门起重机 1 台。主要设备有三辊卷板机、等离子数控切割机、平面分段焊接流水线。主要建造产品有 17.5 万吨级好望角型散货船、11 万吨级阿芙拉型成品原油船、30 万吨级超大型油船、大吨位海上浮式生产储油船、深水半潜式钻井平台等系列船舶和海洋工程设施设备等,具备年造船 700 万载重吨以上能力。外高桥造船有限公司为“上海市高新技术企业”“国家级企业技术中心”,先后通过美国船级社、中国新时代质量体系认证中心、英国劳氏船级社的质量体系认证。

152. 新世纪商厦开业

由中国第一家中外合资零售企业上海第一八佰伴有限公司投资建造的新世纪商厦,位于浦东南路和张杨路交叉口,占地近 2 万平方米,建筑面积 15.98 万平方米,地下 2 层,地上 21 层。1993 年 8 月动工,1995 年 10 月竣工。新世纪商厦 1 楼至 10 楼是对外营业场地,面积约

10.8万平方米,是亚洲最大的百货零售企业之一,是新上海商业城的主要构成单位之一。

1995年12月20日,新世纪试营业,第一天的客流量107万人次。商厦设施完备,各种电梯87部;商品齐全,可以满足各层次顾客在衣、食、住、行、文化、休闲、娱乐等方面的需要。经过一个多月的试营业,1996年1月31日正式开业。日本首相桥本龙太郎发来贺电,祝贺中日合资的新世纪商厦今日正式开业。上海市市长徐匡迪在会见日本八佰伴公司成员时,希望新世纪商厦成为模范店。

153. 正大广场销品茂

正大广场销品茂是以大型零售业为主体,众多专业店为辅助业态和多功能商业服务设施所形成的聚合体,位于陆家嘴西路168号,2002年10月18日,正大广场开业经营。

正大广场由泰国正大集团附属公司上海帝泰发展有限公司投资4.5亿美元兴建的大型商厦,建筑总面积24.1万平方米,地上10层,地下3层。正大广场设计融入全新"四季"理念,即不同的楼层采用不同季节特征,并从二楼到五楼贯穿一条"黄金大道"。广场定位为中产家庭提供一站式购物休闲服务的现代家庭娱乐购物中心,汇聚了中外著名品牌、各式商店,还设有各国时尚设计俱乐部、家庭生活艺术中心、美食天地、电影院、儿童乐园以及卜蜂莲花等主题购物区。

154. 现代商城新上海

新上海商业城东靠崂山路,西临浦东南路,北为商城路,南至张杨路,南泉北路从中穿越;占地 14 公顷,建筑总面积 80 万平方米。新上海商业城是上海市商业系统支持浦东开发,实施商业"东进"的重大举措。在上海市政府商业主管部门牵头下成立浦东商业建设联合发展公司,全面负责新上海商业城的开发建设。

建设规划从最初设想到 1991 年末动工建设,经历三次调整,共计动迁居民 1 154 户,企事业单位 29 家。商城建筑风格蕴含东西方文化神韵,集购物、游览、餐饮、服务办公、娱乐休闲于一城,由新大陆广场、新梅联合广场、新世纪商厦、良友大厦、远东大厦、银都商城、三鑫世界商厦、内外联大厦、乐凯大厦、福兴大厦、华诚大厦、新亚汤臣大酒店、福使达大厦、银河大厦、胜康廖氏大厦、华东石化大厦、新力大厦等 18 幢商贸楼宇组成。

1991 年 12 月 29 日,由上海石油总公司主建的福使达大厦和良华股份企业有限公司主建的良友大厦率先动工建设。翌年 8 月至 12 月,三鑫世界商厦、福兴大厦、华诚大厦、内外联大厦、乐凯大厦相继开工建造。1995 年 12 月,新世纪商厦建成开业。1999 年 1 月,新亚汤臣大酒店成为浦东首家五星级酒店。至 2005 年末商业城基本建成。

155. 博览中心新国际

上海新国际博览中心由浦东土地发展控股公司和德国汉诺威展览公司、德国杜塞尔多夫展览公司、德国慕尼黑国际展览有限公司共同出资兴建。博览中心东至罗山路,南靠龙阳路,西临芳甸路,北到花木路,占地约 1 平方公里。此处原为花木乡勤农村和界龙村地块。

1999 年 11 月 4 日奠基,2001 年 11 月 2 日一期工程竣工。11 月 22 日至 27 日,第三届上海国际工业博览会在此举行,成为博览中心的首个展览。经过几轮续建,于 2011 年中心全面建成。前后累计投资 40

亿元建成 17 个展馆,3 个立体车库,展览面积 33 万平方米,为华东地区主要展览场馆,著名展览有上海国际汽车工业展览会、中国国际工业博览会、华东进出商品交易会等。

156. 保税交易四市场

1993 年 11 月 29 日,上海保税生产资料交易市场在外高桥保税区内开业,分设第一、第二、第三、第四 4 个交易分市场。第一市场为综合性市场,第二市场以经营建筑、装潢材料等商品为主,第三市场以经营汽车为主,第四市场以经营现代办公用品为主。4 个分市场各具有独立法人资格,其中第一交易市场由外联发公司经营,第二交易市场由新发展公司经营,第三交易市场由三联发公司经营,第四交易市场由外高桥港务公司经营(现已停办)。开办当年交易额 0.26 亿美元。1995 年 8 月 3 日,上海保税生产资料交易市场更名为"上海保税商品交易市场",4 个分市场同时分别更名。

157. 浦东商场源三钢

1950 年代末,地处浦东的上海第三钢铁厂发展成万人大厂,由此建成上钢新村,居住人口猛增。

1960 年 2 月 16 日,浦东县商业局在上钢三村 50 号设立国营三钢商场。商场初创时经营棉布、百货、服装、烟糖、文具、副食品、烹饪调料等商品,并设有餐饮、理发、洗染等服务部门。1981 年至 1983 年,商场全部拆除重建,成为昌里路上营业场地达 2 400 平方米的大型综合商场,商品结构从中低档向中高档转型。在做好"细小杂"商品供应同时,增加自行车、照相机、缝纫机、洗衣机、电扇、电冰箱等专柜和家用电器、音像总汇、食品、家具等专业门市部。1984 年，在商场对面新建拥有 19 个门面的电信修理、食品、家具玻璃、土产日用杂货 4 个门市部。1987 年，更名为浦东商场，内部推行经理负责制，实行经营目标任务承包管理。

1998 年 12 月 31 日，浦东商场公司与所在地上钢新村街道办事处签订"实行资产重组、合作发展协议书"，共同组建浦东新区第一家发起式股份有限公司——上海市浦东商场股份有限公司。1999 年 1 月 5 日公司正式成立，地址在耀华路 58 号，注册资本 6 000 万元，总资产逾 1.2 亿元，净资产 6 000 万元。其中国有资本占 30%，公司职工持股会占 21%，其他社会资本占 49%。2020 年，浦东商场公司拥有昌里店、金汇店、现代店、惠南店、博山店和位于奉贤的金叶店 6 家百货连锁店。

158. 上海通用别克车

1997 年 6 月 12 日，中美合资上海通用汽车有限公司在申江路 1500 号成立。1998 年，通用项目列为上海市一号工程。同年 12 月 17 日，首辆别克新世纪轿车下线，创造出国际同类汽车工程项目 23 个月建成出车的世界纪录。1999 年 9 月 25 日，第 1 万辆别克轿车下线。

通用公司立足金桥，走出上海、布局全国。2002 年 12 月组建上海通用东岳汽车有限公司。2003 年收购沈阳金杯通用汽车有限公司，组建上海通用北盛有限公司。2005 年 5 月 28 日，通用公司位于浦东王港的金桥南厂建成投产。2010 年，通用年销量突破 100 万辆，位居中国轿车企业第一位，并成为中国第一家年产 100 万辆轿车企业。上海通用拥有别克、雪佛兰、凯迪拉克三大汽车品牌，并以上海通用汽车为龙头，在浦东形成汽车制造产业链。

159. 中国商飞919

2008 年 5 月 11 日,中国商用飞机有限责任公司(简称中国商飞)在上海成立(公司地址浦东世博大道 1919 号),是中国实施国家大型飞机重大专项中大型客机项目的主体企业,主要生产干线大型客机 C919 和 ARJ21 新支线喷气客机。

中国商飞由国务院国有资产监督管理委员会、上海国盛(集团)有限公司、中国航空工业集团有限公司、中国铝业集团有限公司、中国宝武钢铁集团有限公司、中国中化股份有限公司共同出资组建,2018 年新增中国建材集团有限公司、中国电子科技集团有限公司、中国国新控股有限责任公司为股东。中国商飞下设的主要核心企业有中国商飞设计研发中心(上海飞机设计研究院)、中国商飞总装制造中心(上海飞机制造有限公司),分别位于浦东张江高科技园区和祝桥镇。2016 年 6 月 28 日,ARJ21 新支线喷气客机正式投入商业运营。2020 年 9 月,中国

浦东商场股份有限公司前身——三钢商店

商飞已向客户交付第 34 架 ARJ21 新支线喷气客机。2017 年 5 月 5 日，
C919 大型客机首飞成功，累计有 28 家客户订购 815 架 C919。

2010 年 10 月 9 日，上海通用汽车公司第 100 万辆车下线，图为交车仪式

中芯国际集成电路制造有限公司生产车间

中国商飞公司制造的 C919 客机

160. 中芯集成电路公司

中芯国际集成电路制造有限公司总部位于上海。2000 年在张江高科技园区投资 14.76 亿美元建设中芯国际集成电路制造(上海)有限公司(张江路 18 号),在此建有 1 座 300 mm 晶圆厂和 1 座 200 mm 晶圆厂,以及 1 座控股的 300 mm 先进制程合资晶圆厂。2002 年追加投资至 30 亿美元,注册资本从原先 5 亿美元增加至 10 亿美元。主要业务是根据客户本身或第三者的集成电路设计要求制造集成电路芯片,向全球客户提供 0.35 微米到 14 纳米芯片代工与技术服务,在美国、欧洲、日本和中国台湾设立营销办事处,在中国香港设立代表处。

公司主要创始人为曾在中国台湾积体电路制造公司工作过的张汝京。公司绝大多数高管为中国台湾籍。中芯国际集成电路制造(上海)有限公司是中芯国际集成电路制造有限公司的全资子公司之一,也是中国大陆规模最大、技术最先进的集成电路芯片代工企业。2020 年 7 月 16 日,中芯国际集成电路制造有限公司在上海证券交易所科创板挂牌上市,股票简称中芯国际(证券代码 688981)。

161. 华虹微电子公司

1996 年 11 月,总投资 12 亿美元的上海华虹微电子有限公司超大规模集成电路项目("909"工程)在金桥动工,建设国内首条深亚微米超大规模集成电路芯片生产线,成为中国大陆集成电路制造业的先行者。

1997 年 5 月,上海华虹微电子有限公司与日本电气公司(NEC)在北京签署协议,在浦东合资成立上海华虹 NEC 电子有限公司,旨在建设中国最大的电子高科技项目。同年 10 月 16 日,上海华虹 NEC 电子有限公司在金桥园区举行成立仪式。1999 年 2 月,"909"工程生产线建成投产。2013 年 1 月 24 日,华虹 NEC 电子有限公司与上海宏力半导体制造有限公司合并成立上海华虹宏力半导体制造有限公司。时公司拥有 3 条 8 英寸集成电路生产线,月产能达 14.6 万片。

162. 宏力半导体公司

2000 年 11 月,由多家海外高科技公司联合投资 16.30 亿美元,在张江高科技园区创办专业从事集成电路制造代工的上海宏力半导体制造有限公司。公司占地 24 万平方米,建成 3 座 12 英寸芯片规格厂房,月生产能力可达 4 万片 8 英寸硅片。产品涵盖逻辑电路、混合信号、射频、高压器件及掩模存储器、静态存储器、闪存、嵌入式闪存等,其中嵌入式闪存技术产品性能卓越，可重复擦写至少 10 万次，数据保存时间超过 100 年。公司集聚来自不同国家和地区的专业人才，营销办事处分布欧洲、美国、中国台湾、日本等国家和地区。

2013 年 1 月 24 日，宏力半导体公司与华虹 NEC 公司合并成立上海华虹宏力半导体制造有限公司。

163. 新老六大产业群

1992 年 12 月，在上海市第六次党代表大会工作报告中第一次明确提出"轿车、电子和通信、电站设备、钢铁、石油和精细化工、家用电器"为上海市重点扶持、大力发展的六大工业支柱产业。浦东新区根据市要求，结合浦东开发开放长远目标，提出"汽车制造产业、电子信息产业、石油化工与精细化工产业、钢铁制造业、家用电器制造业"为九五期间浦东工业支柱产业。随着工业产业结构调整，1996 年，浦东将汽车制造业、通信信息设备制造业、钢铁制造业、石油化工及精细化工制造业、电站成套及大型机电设备制造业、家用电子电器制造业列为浦东六大支柱产业。2010 年，六大支柱产业工业产值 6 011.59 亿元，占全区工业总产值 69.97%。

进入新时代，浦东提出集成电路（中国芯）、生物医药（创新药）、航空航天制造（蓝天梦）、未来车（新能源汽车、无人驾驶汽车和智能网联汽车应用）、智能制造、软件和信息（数据港）为"六大硬核产业"。

164. 快速增长 GDP

1990 年浦东开发开放，是年浦东生产总值（GDP）60.24 亿元，其中第一产业增加值 2.22 亿元、第二产业增加值 45.89 亿元、第三产业增加值 12.13 亿元。1995 年达到 414.65 亿元,比 1990 年增长 5.88 倍。2000 年,以汽车、现代生活家电、生物医药、信息软件、旅游会展、房地产业为主的新产业开始逐步形成。是年浦东生产总值 923.51 亿元,占上海市生产总值的 20.2%。

2007 年,浦东产业结构发生重大变化。全年生产总值达到 2 793.39 亿元,其中第三产业增加值超过第二产业增加值的 1 306.49 亿元,达到 1 480.84 亿元。第三产业中,金融业和房地产业增加值分别为 474.83 亿元和 185.38 亿元,成为浦东经济的支柱产业和经济增长点,分别占第三产业增加值的 32.06% 和 12.52%。2010 年,浦东生产总值 4 707.52 亿元,占上海市生产总值 27.42%。其中第一产业增加值 31.47 亿元,第二产业增加值 2 036.58 亿元;第三产业增加值 2 639.47 亿元,已经远远超过第二产业,占全区生产总值 56.07%。三个产业之比为 0.7∶43.3∶56。

2020 年,浦东新区生产总值 1.32 万亿元,其中第一产业 17.08 亿元,第二产业 3 040.21 亿元,第三产业 10 149.74 亿元。

第六辑　城乡建设

碧云天

芳草地

滨江大道一江胜景

张家浜畔春风杨柳

经济与社会共同发展

建设与环境和谐相处

上海现代新城区

风景独好如画

165. 浦东公路第一条

浦东第一条公路诞生于光绪三十二年(1906年)。高桥镇建筑业老板王云松和上海县人杨贵达出资修筑天灯口汽船码头(今上海炼油厂处)至高桥镇道路,路面铺设石块,耗资7 000余元。民国十四年(1925年)春天,周瑞庭捐资3 000元,高桥乡公所筹资3 000元,拓宽路面,上铺煤屑,路长2.13公里,宽8.13米,命名为大同路,成为浦东地区真正具备现代意义的公路。

166. 上南上川两铁路

民国十年(1921年)1月,黄炎培、张志鹤、顾兰洲等发起组织上川交通股份有限公司。民国十三年10月,公司与上海浦东塘工善后局和川沙县交通运输局签订了正式租路合同,取得专营权30年。民国十四年10月,庆宁寺至龚家路口段工程率先竣工通车。第二年7月,龚路至川沙城段通车。通车后,每日乘客达千人,许多在沪的外国人也三五结伴,从定海桥坐摆渡轮至庆宁寺,再乘上川火车来浦东郊游。

民国二十三年5月,上川公司与川沙县政府订立租用川钦县道合同,将上川铁路向东延伸至小营房。民国二十五年3月,又从小营房向南修筑至南汇县祝桥镇。至此,上川铁路全长达35.35公里,全线设庆宁寺、金家桥、新陆、邵家弄、曹家路、龚家路、大湾、小湾、暮紫桥、川沙、小营房、江镇、施镇、邓镇、祝家桥等站。上川铁路的建设极大地方便了浦东川沙地区的客货运输,促进了地方经济的发展,加快了上海现代文明向浦东地区的传播和渗透。抗日战争爆发后,江镇到祝家桥铁轨被拆除。

1965 年,上川铁路川沙镇至江镇段被拆除,改建为公路。1975 年 12 月开始,上川铁路庆宁寺至川沙镇段拆除,改建为上川公路。

民国十一年 5 月,上南县道周家渡至周浦镇段竣工,全长 13.85 公里,并租借给上南长途汽车公司开办汽车客运。民国十四年初,因为经营亏损,由上南长途汽车公司在原有的路面上铺设铁轨,通行火车。1957 年 12 月,上南铁路被拆除。

167. 外高桥建发电厂

外高桥发电厂是国家"八五计划"重点工程。一期工程总投资 28 亿元,占地 47 公顷,毗邻外高桥保税区和外高桥港区,安装 4 台 30 万千瓦国产引进型燃煤机组。1997 年 11 月 10 日,4 台机组全部建成投产。2001 年 7 月 18 日,二期工程动工,装机容量为 2 台 90 万千瓦超临界进口燃煤发电机组。2004 年建成投产。2005 年 7 月,三期工程动工,装机容量为 2 台 100 万千瓦国产超超临界燃煤发电机组。两台机组分别于 2008 年 3 月和 7 月建成投产。外高桥发电厂一、二、三期工程总装机容量共计 500 万千瓦。

168. 海上风力发电场

海上风电发电场位于临港新城至洋山深水港的东海大桥两侧 1 公里以外沿线,是中国第一个大型海上风力发电场,也是国家发改委确定的海上风力发电场示范项目之一。

发电场项目分两期建设。一期工程在东海大桥东侧建设 4 排 34 台风力发电机,总装机容量 10.2 万千瓦,总投资 23.65 亿元。2010 年 2 月 27 日,34 台发电机全部安装完毕,6 月 8 日并网发电。二期工程安装风力发电机 28 台,总装机容量 10.2 万千瓦,总投资 19.4 亿元,2015 年 11 月动工建设,2016 年 12 月 28 日建成并网发电。

169. 发电企业第一家

浦东电气股份有限公司(简称浦电公司)是浦东第一家发电厂。民国八年(1919 年)1 月,上海嘉定人童世亨等在浦东黄浦江边的张家浜南岸(新华香料厂处)建造发电所。民国九年 12 月,首台机组建成发电。供电范围南至塘桥,北至陆家嘴。民国十年 4 月,第二台机组发电,供电范围扩大至南到南码头、白莲泾,东至洋泾港、洋泾镇。民国十四年 2 月,发电所在张家浜口北岸易地重建(张家浜路北安里 32 号),占地 0.63 公顷,安装 1 台瑞士造 600 千瓦汽轮发电机组。同年 11 月新厂落成发电,老厂关闭,发电机出售。1930 年代初,浦电公司在黄浦江底敷设通往浦西的供电电缆。民国二十五年,浦电公司有架空线路 442.5 公里、水底电缆 5 条 3.51 公里。供电范围扩大至上海(上海市区和上海县)、川沙、南汇和奉贤一市四县。

抗日战争爆发后,浦电公司遭日军掠夺,发电设备几近损毁无存,供电范围大幅缩小。民国三十七年,浦电公司发电设备容量 4 000 千瓦时,全年发电 1 419.82 千瓦时,售电 2 780.8 万千瓦时,最高负荷 6 941 千瓦,用户 12 667 户。1954 年 7 月,浦电公司实行公私合营。1956 年 1 月,转为国营企业。之后电气公司发电设施关闭,公司停业。

170. 一至六期高桥港

外高桥港区位于浦东东北部,长江入海口南侧。1991 年 7 月 1 日,港区一期工程动工,被列为国家"八五计划"和上海市重点工程,1993 年 10 月竣工。此后分期建设二至六期工程,至 2010 年末六期工程竣工,从而将原黄浦江两岸港区码头的运输功能大部转移至外高桥港区,并且大幅度提高了港口货物吞吐能力,形成了一个具有通江达海地理优势的新海港。外高桥港区一至六期工程岸线,合计总长 6 802 米,陆域面积 727.7 万平方米,共有大型集装箱船泊位 25 个。

171. 动迁村民建机场

浦东国际机场一期工程征地动拆迁范围涉及施湾镇、江镇和南汇县的祝桥乡,共计征地 1 466.67 公顷,拆除房屋和各类建筑设施面积 60 余万平方米,动迁居(村)民 4 800 多户,动迁人口 15 500 余人。动迁工作从 1996 年 8 月 27 日开始,至 1997 年 1 月全面完成。施湾镇在浦东国际机场动迁中征用土地面积 828.13 公顷,占总量的 56.46%。动迁居(村)民户 3 000 多户,企业事业单位 74 家,涉及征地生产队 125 个,劳动力 1.1 万人。江镇动迁生产队 60 多个、居民 1 200 多户,征用土地面积 336.91 公顷。施湾、江镇动迁居民大多分别安置于建造在施镇西南的思凡居住区和江镇的晨阳(卫东)居住区内,并于 1997 年末至 1998 年内先后入住,另有部分居民迁至川沙镇居住。南汇祝桥乡在浦东国际机场动迁中涉及祝桥乡的亭东、马路、军民、潘泓 4 个村(4 村经动迁后,合并成立机场村),动迁村民 955 户、2 658 人,征用土地 301.63 公顷。

浦东国际机场二期建设征用机场镇(时江镇和施湾镇已合并为机场镇)土地面积 7 平方公里,涉及 13 个行政村、78 个村民小组、6 500 户居(村)民和近 200 家企业,安置劳动力近 9 000 人,拆除各类建筑设施面积 160 万平方米。2005 年,机场镇全面启动二期工程动迁工作,2006年基本(达 99.7%)完成动迁任务。动迁居(村)民大部分安置在思凡和晨阳居住区。在南汇区(南汇已由县改区)征用祝桥镇机场村全部土地3.6 平方公里,其中耕地 162 公顷。2011 年机场村建制撤销。

172. 国际机场建海滨

浦东国际机场位于浦东东海之滨,地处当时的江镇、施湾镇和祝桥乡内。机场采用一次总体设计,分期建设实施方案。一期工程占地 32平方公里,总投资 130 亿元,主要建设 1 座航站楼、1 条飞行跑道,1999年 9 月 16 日,建成通航。2005 年 3 月,第二期工程第二跑道建成启用。同年机场扩建工程开工,主要建设第二航站楼和第三跑道。扩建工程总投资 152.31 亿元。2008 年 3 月 26 日,扩建工程建成启用。是时,机场占地面积增至 50 平方公里,拥有 2 个航站楼、3 条跑道、218 个停机位、70 座登机桥。通航设计能力达到年 6 000 万人次旅客出入港、420万吨货邮吞吐量、49 万飞机起降架次。2015 年 3 月 28 日,第四跑道正式启用。2019 年,浦东机场年旅客吞吐量 7 615.34 万人次,年货邮吞吐量 363.56 万吨,年起降航班 51.18 万架次。

173. 东海燃气输浦东

东海油气田输气工程总投资 66.22 亿元,分为上、下游两部分实施,其中上游工程投资 51.36 亿元,下游工程投资 14.86 亿元。

1996 年 10 月 18 日动工,1998 年 11 月基本建成。除上游项目外,下游项目主要有新港首站、北蔡储备站(位于北蔡卫行村,建 10 个储气球罐,1997 年建成)、94 公里长输气管线和 125 公里的市区高压管线、18 座高中压调压站、5 台 7 000 立方米高压球罐的储配站、相关管网设施和服务网点,以及国内首次引进的可供浦东地区 10 天用量的液化天然气事故气源备用站(位于五号沟)等。

1999 年 4 月,东海平湖油气田正式商业供气。4 月 22 日,上海通用汽车公司成为首个用上天然气的单位用户。28 日,北蔡镇御桥小区 3 700 户居民率先用上天然气。居民梁正兴家第一个点燃天然气灶。上海市市委书记黄菊、市长徐匡迪致信表示祝贺。是年,浦东逐步实施由煤气转换天然气工程。2000 年 10 月,浦东 33 万户原人工煤气用户全部转换为使用天然气。

174. 煤气使用第一家

1983 年,在浦东东沟地区建设上海浦东煤气厂。1987 年,浦东煤气厂一期工程建成投产,上海耀华皮尔金顿玻璃有限公司成为上海浦东地区的第一家工业煤气用户,同年 9 月 29 日,梅园新村 142 户居民用上管道煤气。结束了浦东地区居民生活无管道煤气的历史。此事曾被评为 1987 年上海市"十大新闻"之一。

1990 年 9 月 22 日,川沙镇举行煤气点火仪式。位于华夏东路与川沙路口的第一批 156 户川北新村居民用上了煤气,成为上海市首个居民日常生活使用管道煤气的县城。

175. 轨道交通 6 号线

轨道交通 6 号线是第一条全线位于浦东境内的轨道交通线路,北起高桥港城路,南至三林杨思西路与上海轨道交通 8 号线(东方体育中心站)连接,总投资 108 亿元。全线长 33.13 公里,其中地下线路长 20.84 公里,高架线路长 12.29 公里。全线设车站 28 座,其中高架车站 9 座、地下车站 19 座。

2002 年 12 月 22 日,在东方路、蓝村路口开工建设。2007 年 12 月 29 日,港城路至灵岩南路站建成通车。2011 年 4 月 12 日,灵岩南路站至东方体育中心站建成运行,6 号线全线竣工。6 号线沿线可与 12 号线、2 号线、4 号线、9 号线、7 号线、11 号线、13 号线、18 号线、14 号线、10 号线换乘。

176. 四线换乘大道站

轨道交通世纪大道位于世纪大道、东方路交会处,1996 年 4 月 5 日动工建设,时名(轨道交通 2 号线一期工程浦东段)东方路车站。2005 年轨道交通 4 号线通车时,成为 2 号线与 4 号线的换乘站。之后,因 6 号线和 9 号线动工建设,在此相交换乘而实施改扩建工程,并更名世纪大道站。2007 年、2010 年轨道交通 6 号线和 9 号线先后建成通车并在此换乘。改扩建后的世纪大道站成为 4 线(2 号线、4 号线、6 号线和 9 号线)3 层换乘车站,是上海轨道交通线路中通过轨道交通线路最多的换乘站。

177. 磁浮列车示范线

位于浦东的磁浮列车示范线由上海申通集团联合 8 家公司出资 89 亿元,并由上海磁浮交通发展有限公司承担建设和运行管理,以及由德国西门子、克虏伯、磁浮国际 3 家公司联合承担设备供应和技术服务。

2001 年 3 月开工建设。2002 年 12 月 31 日举行通车典礼。国务院总理朱镕基和德国总理施罗德出席典礼。磁浮列车示范线全长 33 公里,西北起上海轨道交通 2 号线龙阳路站,东南至浦东国际机场。最高时速可达 430 公里,区间行程约 8 分钟,往返 16 分钟,兼具交通、旅游观光及技术研究功能。列车由两节流线型带头车厢和一节中间车厢组成(俗称双头车)。带头车厢长 27.2 米,中间车厢长 24.8 米,宽度均为 3.7 米,每节车厢可载客 80—100 人。

上川铁路

浦东国际机场(2009 年)

轨道交通 6 号线外高桥段(2008 年)

上海长江隧桥(2010 年)

178. 有轨电车驶张江

　　浦东有轨电车线路位于张江高科技园区内,工程总投资 6.76 亿元。2007 年 12 月开工建设,2009 年 7 月竣工试运行。同年 12 月 31 日举行通车典礼,成为上海首条现代化有轨电车线路。线路呈东西走向。西起轨道交通 2 号线张江高科站,东至园区集电港金秋路,全长 9.8 公里,分设 15 个车站,平均每站间距约 650 米。投放运行车辆 9 台,全天运行 17 小时 15 分,单程行驶时间 35 分钟。每 3 辆编组为 1 列,每列车长 25 米,额定载客 167 人。

179. 黄浦江上四大桥

　　1988 年 12 月 15 日,位于浦东南码头路与浦西陆家浜路之间、总投资 8.12 亿元的南浦大桥开工建设,1991 年 11 月 19 日建成通车。大桥总长 8 346 米,其中主桥长 846 米,两岸引桥长 7 500 米。浦西引桥为螺旋形,长 3 754 米。浦东引桥长 3 746 米,主线笔直向东连结内环线(龙阳路),并采用双曲线长圆形匝道与浦东南路相连。1993 年 10 月 23 日,位于浦东罗山路与浦西宁国路之间的杨浦大桥举行竣工典礼,国务院副总理朱镕基出席典礼并讲话。1997 年 6 月,位于浦东三林路与浦西浦莘路之间的徐浦大桥建成通车。2003 年 6 月,位于浦西鲁班路与浦东济阳路的卢浦大桥建成通车。

180. 江底隧道十六条

早在 20 世纪初,社会民间人士就呼吁建设黄浦江越江隧道。1965 年 6 月,位于浦西打浦路与浦东周家渡地区耀华路的上海第一条黄浦江隧道(打浦路隧道)动工,至 1970 年 9 月竣工通车。1982 年 9 月动工建设延安东路隧道,1988 年 12 月建成试通车。浦东开发后,随着经济的发展,两岸往来的频繁,至 2020 年,又先后建成大连路隧道、复兴东路隧道、外环线隧道、翔殷路隧道、上中路隧道、人民路隧道、新建路隧道、西藏南路隧道、龙耀路隧道、军工路隧道、长江路隧道,周家嘴路隧道、郊环隧道、黄浦江人行观光隧道,共计 16 条隧道。

181. 长江隧桥浦长崇

长江隧桥连接浦东新区五号沟,经长兴岛,至崇明陈家镇,全长 25.5 公里,总投资 117.45 亿元,是国家交通部规划建设的国家重点公路网中上海至陕西西安高速公路的重要组成部分。2004 年 12 月 28 日开工建设,2009 年 10 月 31 日竣工通车。长江隧桥为隧道与桥梁相结合工程。浦东五号沟至长兴岛为隧道,全长 8.95 公里,直径 15.43 米,分 3 层。上层为排烟道,中层为高速公路层,下层为预留的轨道交通层。长兴岛至崇明岛陈家镇为桥梁,全长 10.3 公里,跨越长江口南支北港水域,设双向 6 车道,设计车速每小时 100 公里。

182. 东海大桥接洋山

东海大桥连接浦东新区南汇新城镇与浙江省舟山市嵊泗县洋山岛,是洋山深水港区的重点配套工程之一,总投资额 71.1 亿元。2002 年 6 月 26 日开工建设,2005 年 5 月 25 日,东海大桥举行全线贯通仪式。12 月 10 日通车运行。大桥全长 32.5 公里,包括 3.7 公里陆地段(芦潮港老大堤至新大堤)、25.3 公里跨海段(芦潮港新大堤至大乌龟岛)以及 3.5 公里港桥连接段(大乌龟岛至小洋山岛)。主航道桥段长 830 米,主通航孔净宽 300 米、净高 40 米,通航等级 5 000 吨,并能满足 1 万吨级船舶的通航要求。大桥为双向 6 车道高速公路,设计速度每小时 80 公里,年通过能力 500 万标准箱以上。

183. 上海内环浦东段

上海内环线浦东段连接起南浦大桥与杨浦大桥,其中南浦大桥至三八河(罗山路)处为龙阳路(沪南路至三八河曾名龙东路);由此往北至杨浦大桥为罗山路(曾名建平路)。1992 年 9 月,内环线浦东段动工建设,总投资 4.63 亿元。1993 年 11 月 20 日,建成通车。内环线浦东段全长 13.3 公里,路面宽 50 米,分设双向 4 快 2 慢 6 条车道,两侧各有 3

米宽人行道,设计车速每小时 50 公里。在近两大桥浦东桥堍处各建有龙阳路和罗山路立交桥。2003 年 12 月,在内环线龙阳路、罗山路连接处建成张江立交桥。

2007 年 12 月,内环线浦东段实施全封闭快速化改造。总投资 26.12 亿元。主要建设分项目有道路、跨线桥、排水设施、绿化、照明、信号灯等相关工程设施。道路工程包括:龙阳路(浦东南路至东方路)建高架,设双向 6 车道,地面辅道设双向 4 车道;龙阳路(东方路至张江立交桥)主线,设双向 6 车道(地面道路同设双向 6 车道)。龙阳路主线自南浦大桥引桥顶升跨越杨高南路后落地,下穿锦绣路跨线桥,上跨沪南路菱形立交桥,再连续上跨白杨路、芳甸路后,落地衔接张江立交桥。罗山路主线从张江立交北侧起坡,上跨花木路至锦绣路落地,与罗山路立交相接。经过改造后,内环线浦东段形成了主线道路加辅道形式,与内环线浦西段在功能上趋于一致。2009 年 12 月 25 日,内环线浦东段改造工程竣工通车。

184. 上海中环浦东段

上海中环线浦东段全长约 27 公里。2007 年 10 月,上海中环线浦东南段工程开工建设,并被列为上海市重大工程及世博会市政配套项目。工程西起上中路越江隧道浦东出口,东至申江路与机场北通道(华夏路高架)衔接,全长 15.55 公里,总投资 87.78 亿元。道路设计采用"主线高架加地面道路"形式。主线高架为城市快速路,分设双向 8 车道,设计车时速 80 公里。高架道路下为华夏中路、华夏西路地面辅道,分设双向 8 车道,设计车速每小时 50 公里。全线建互通立交桥 4 座,分别为济阳路、杨高南路、罗山路、申江路立交桥;4 对平行匝道,分别为上南路、锦绣路、沪南路、金科路匝道。2009 年 12 月建成通车。此后中

环线浦东段由申江路立交桥向北延伸至高科中路,是为高架道路,长约
2 公里,并穿越张江路和马家浜,2010 年建成通车。2013 年 5 月,中环
线浦东东段高科中路至军工路隧道浦东出口段动工,全长约 9.5 公里,
道路设计标准与中环线浦东南段相同。高架道路下分别为申江路、云
顺路和金桥路。全线建龙东大道和金桥 2 座互通式立交桥(金桥立交
桥为拆除后重建),5 对平行匝道,分别为张杨路、锦绣路(2 对)、申江
路、高科中路匝道。2015 年 12 月 27 日建成运行。

185. 上海外环浦东段

上海外环线全长 98 公里,分设双向 8 车道,设计车速每小时 80 公
里。上海外环线分三次施工建设。1996 年 8 月 31 日,一期工程动工。
一期工程全长 35.65 公里,其中浦东段西起徐浦大桥,东至杨高南路,长
5.43 公里;浦西段至沪嘉高速,长 30.22 公里,包含徐浦大桥长 4.02 公
里。1997 年 6 月 24 日,浦东段工程与徐浦大桥同时建成通车。

1998 年 5 月 23 日,浦东国际机场主通道——南干线工程开工建
设,总投资 22.7 亿元,设双向 8 车道路,设计车速每小时 80 公里。南干
线工程东起远东大道立交桥,西至杨高南路立交桥,其中浦东国际机场
至外环线孙桥立交桥为迎宾大道,迎宾大道至杨高南路立交桥段为外
环线浦东段组成部分(为外环线环南一大道,长 10.8 公里)。1999 年 9
月 14 日,南干线竣工通车。

2000 年 12 月 12 日,外环线三期工程浦东东段(北起三岔港外环线
隧道、南至迎宾大道与环南一大道交接处)动工,全长 31.1 公里,总投
资 33.93 亿元,设双向 8 车道路,设计车速每小时 80 公里。2002 年 10
月 26 日,三期工程竣工通车。2003 年 6 月 21 日,外环线隧道竣工通
车,标志着上海外环线全线建成。上海外环线在浦东段全长约 48 公

里,其中东西走向段称环南一大道,南北走向段分别称环东一大道和环东二大道,全线建有济阳路、杨高南路、罗山路、孙桥、华夏东路、龙东大道、五洲大道8座互通式立交桥。

186. 东方明珠电视塔

东方明珠广播电视塔位于世纪大道1号,占地3.88万平方米,建筑面积9.49万平方米,高468米。1994年10月建成对外试开放。东方明珠设计者采用3根直径7米与地面呈60度交角的斜柱,支撑住3根9米直径的直筒体。直筒体又串结11个大小不等的球体,烘托出"大珠小珠落玉盘"的意境。从直筒体的68米至180米高度,建有一个50米直径下球体,内设观光廊,供人饱览浦江风光。从180米至250米高度,建有5个小球体。从250米至295米高度,建有一个45米直径上球体。350米高度建有一个16米直径太空舱,主要接待国内外贵宾。东方明珠为上海地标性建筑、5A级旅游景区,也是浦东接待游客最多的景点。

187. 金茂大厦中国风

金茂大厦位于世纪大道88号。前期动迁居民和单位1 080多户,由中国上海对外贸易中心股份有限公司和中国金茂集团股份公司投资建造,美国S.O.M(Skidmore Owings Merill)、华东建筑设计院设计。占地面积2.36万平方米,建筑面积28.70万平方米。金茂大厦融中国塔式建筑与海派风格为一体,由塔楼和裙楼组成。塔楼高420.5米,地上88层,地下3层。裙楼地上6层。1994年5月开工建设,1998年6月竣工,8 月对外经营。在大厦竣工之时为中国第一高楼。

金茂大厦 1、2 层为门厅大堂,3 层至 50 层为办公区,可同时容纳 1 万余人办公,51、52 层为机房;53 层至 85 层为酒店(金茂君悦大酒店),56 层至大厦顶层有一个内心直径 27 米、阳光可透过玻璃折射进来的净空高达 142 米的"空中中厅"。环绕"空中中厅"的是大小不等的各种等级的 555 间客房。第 86 层为企业家俱乐部,第 87 层为空中餐厅,第 88 层为观光厅。观光厅可同时容纳 1 000 多人。金茂大厦专设的两部高速电梯以每秒 9.1 米速度,仅用 45 秒可将客人从底层送达 88 层。

188. 上海环球金融中心

上海环球金融中心位于世纪大道 100 号,以日本森大厦株式会社(MoriCorporation)为主体,联合日本、美国等 40 多家企业投资建造,由 KPF 建筑师事务所、株式会社入江三宅设计事务所、上海现代建筑设计集团、华东建筑设计院设计。总投资额超过 750 亿日元,占地面积 3 万平方米,建筑面积 31.54 万平方米,设计高度 460 米,1997 年 8 月开工建设。因受亚洲金融危机影响,1998 年停止施工。2003 年 2 月恢复建造。由于当时中国台北和香港已在建 480 米高楼,高度超过了上海环球金融中心的原设计高度,故对原设计方案进行修改。修改后环球中心比原来增加 7 层,即地上 101 层,地下 3 层,高度 492 米。2008 年 8 月,环球中心竣工启用。

环球中心地下 2 层至地上 3 层为商场;3 层至 5 层是会议设施,7 层至 77 层为办公层,79 层至 93 层是酒店,94 层至 100 层为观光和观景设施。观光大厅位于 94 层,高度 423 米,面积约 750 平方米,层高 8 米,除了可以一览上海风貌之外,还能以美丽的浦江两岸为背景举办各类活动。观光天桥位于 97 层,高度 439 米,犹如浮在蓝天白云之中的桥梁。观光天阁位于 100 层,高度 472 米,是一条长约 55 米的悬空长廊,设置 3 条透明玻璃地板。漫步其间,能体验"会当凌绝顶,一览众山小"意境。

189. 上海国际金融中心

上海国际金融中心位于世纪大道 8 号,东方明珠广播电视塔南侧,正大广场之东,由香港新鸿基地产发展有限公司投资建设,西萨·佩里建筑事务所、巴马丹拿事务所、华东建筑设计院设计。总投资 80 亿港元,总建筑面积 55.5 万平方米,由 2 幢分别高 259.9 米(56 层)和 249.9 米(53 层)的高楼,及 1 幢 85 米高楼宇组成,从而形成双子塔效果。项目分二期建设,第一期工程 2007 年 6 月动工,2010 年 8 月竣工,国际金融中心商场开业。2012 年,二期工程竣工。

国际金融中心商场尽显奢华,零售国际一线品牌。内部装饰以高贵浪漫的香槟色和淡米色为主色调,突出时尚、典雅、精致的特点。

190. 消防塔旁有高楼

在宣传浦东开发开放伟大成果时,总会突出浦东的高度,并将 27 米高的消防塔宣传为浦东未开发前的最高建筑,其实这是不符合当时浦东的客观实际的。

1990 年 5 月 2 日的《新民晚报》第 1 版刊载《浦东建成三十多幢高楼》一文。文中提道:"到今天为止,在黄浦江的东岸,已拥有 30 余幢高层住宅,可与浦西的国际饭店、上海大厦互比高低。黄浦区浦东地段的高层民宅已达 15 幢,其中有数幢 25 层高楼的高度达 80 米,成为浦东地区的最高建筑。为此黄浦区房产管理局已组建成立了'浦东大楼房管所'"。

1994年版《浦东新区统计年鉴》更是证明了浦东开发前的房屋建筑高度：1990年前浦东建成8层以上高层建筑32幢，其中12幢层次有23层至25层。

《浦东新区地名志》又记载（第178页）：东昌大楼位于浦东西部东昌路600号（此楼与东昌消防瞭望塔仅一路之隔），建于1987年8月，占地面积1500平方米，建筑面积2.5万平方米、13层、高38.4米；东园公寓位于浦东西部（东昌消防瞭望塔西南侧），始建于1986年，1989年竣工，占地面积1970平方米，建筑面积2.55万平方米、24层、高77.3米。

191. 中国楼宇第一高

上海中心大厦位于陆家嘴银城中路501号。2008年11月29日开工建设，2016年3月竣工。上海中心大厦共计121层、总高度632米，主体建筑结构高度580米，建筑总面积43.40万平方米，为中国第一高楼，被誉为"垂直的金融街"。

2016年4月27日，上海中心大厦举行建设者荣誉墙揭幕仪式并宣布分步试运营。2017年4月26日位于大厦第118层的"上海之巅"观光厅向公众开放。2020年1月6日，大厦入选上海新十大地标建筑之列。

192. 小陆家嘴大绿地

陆家嘴中心绿地位于陆家嘴东路、银城中路与陆家嘴环路合围之中，犹如镶嵌在陆家嘴金融中心区（又称小陆家嘴）内的一块绿宝石。1996年8月1日，开始前期动迁，共动迁企事业单位9家、居民3500

户,拆除各类建筑面积 20 多万平方米,动迁费用 7 亿元,工程建设费用 1 800 万元。1997 年 6 月 26 日竣工,7 月 1 日对外开放。

位于陆家嘴金融中心区的金茂大厦(中)、环球金融中心(左)、
上海中心(右)三大超高层大楼(2020 年)

张家浜景观河道(2014 年)

高桥港景观河道(2014 年)

中心绿地占地 10 万平方米,主要由草地和湖泊构成,其中草坪 6.5 万平方米,播植四季常绿的冷季型草种,并有香樟、银杏、雪松、白玉兰、广玉兰等乔木点缀其间。蜿蜒在草坪上的小径勾勒出上海市花白玉兰轮廓。湖泊面积 8 600 平方米,呈浦东版图状(南汇行政区未划入时地图形状)。湖西畔是占地 600 多平方米、形如白色海螺的观景帐篷。绿地南端,保留着民国时期江南典型民居建筑——陈桂春住宅,现辟为吴昌硕纪念馆。

193. 滨江大道防洪墙

滨江大道位于黄浦江边。1992 年 12 月 22 日,长 250 米的滨江大道样板段动工。1993 年 12 月 23 日竣工。样板段成为当时众多来浦东投资考察和参观旅游者的揽胜之地。

1994 年 12 月,滨江大道由样板段向南、向北延伸至长 1 500 米,1997 年 7 月竣工。2007 年 8 月,丰和路至浦东南路段开始建设,2009 年 6 月建成。至此,南起东昌路、北至浦东南路、全长 2.5 公里、前后分 3 次建设的滨江大道全线贯通。大道由亲水平台、驳岸、防汛墙、景观绿地等组成,体现出立体交通的现代美感。最有显著特点是高 7 米的防洪墙,由于绿地斜坡的运用而没有一般防洪墙体的视觉突兀感。滨江大道成为上海休闲时尚地标和旅游胜地。

194. 世纪大道植物园

1998 年 1 月 16 日,世纪大道工程动工,从延安东路隧道浦东出入口处至世纪公园 1 号门口,全长约 5 公里,宽 100 米,连结起陆家嘴金融中心区、新上海商业城、竹园商贸区和花木行政文化区，总投资 13.09 亿元。大道北段为不对称道路，车行道宽 31 米，设 8 车道。人行道一侧宽 33 米，另一侧宽 13 米，并建有 8 个各 180 米长、20 米宽的"中华植物园"，分别为柳树、水杉、樱桃、紫薇、玉兰、茶花、紫荆和栾树园。沿线布置系列雕塑作品，分别为东方之光、世纪晨光、五行组雕等。

2000 年 4 月 18 日，世纪大道建成通车。世纪大道工程获得上海市和中国市政金杯示范工程奖。

195. 观光隧道走江底

黄浦江人行观光隧道位于浦西南京东路外滩陈毅广场与浦东陆家嘴东方明珠广播电视塔之间的江底，全长 646.7 米，总投资 4.35 亿元。1996 年 8 月 22 日动工，2000 年 10 月竣工。

隧道出入口由自动扶梯输送旅客。隧道内景观设计和 SK 系统独具风格。以高科技汇聚成的奇妙世界，配以 SK 车厢内的音响系统，使游人置身于"穿越地球"的梦幻场景。SK 系统为无人驾驶自动控制系统，具备环保、不间断运输功能。单程过江时间 3—5 分钟，每小时最大输送量 5 000 人次。2001 年 1 月 1 日，黄浦江人行观光隧道投入运行。

196. 二层步行连接廊

二层步行连廊位于陆家嘴金融中心区的东方明珠塔旁，是集商业配套、景观休闲功能于一体的立体交通设施。整个工程由"明珠环""东方浮庭""世纪天桥""世纪连廊"组成，总长超过 1 400 米，桥面平均宽度 9 米，总面积 1.98 万平方米。2008 年 4 月开工建设。2010 年 4 月上海世博会举办前"明珠环""东方浮庭"竣工。

"明珠环"天桥跨越世纪大道、陆家嘴环路、陆家嘴西路，配有步行楼梯、残疾人无障碍电梯和多个上下出入口。"东方浮庭"西起陆家嘴环路，东至陆家嘴中心绿地，与二层连廊"世纪天桥"东西段相连，其中小型商业服务设施面积约 2 200 平方米。"世纪天桥"（跨银城中路段和世纪大道段）于 2010 年 11 月 1 日开工建设，2011 年国庆节前竣工启用。"世纪连廊"长约 540 米，连接国金中心、金茂大厦和环球金融中心，于 2014 年 10 月建成启用。

197. 浦东浦南两大道

浦东大道呈东西走向，西起浦东南路，东至东沟港，全长 9.26 公里。1930 年 12 月兴筑，曾名浦东路（北段）。规划宽度为 30 米，因经费不足，先筑 10 米宽土路基，至 1935 年建成 6 米宽煤渣车行道，并更名为浦东大道。1948 年，拓宽浦东南路至洋泾港段，路基宽 18 米。

新中国成立后，设非机动车道（为浦东第一条机动车与非机动车道分隔的道路），铺沥青路面。1990 年，全线拓宽改建，机动车道宽 14 米至 22 米，两侧各设 4.5 米至 5 米宽非机动车道。1997 年，对浦东南路至德平路段 4.9 公里段再次改扩建，由原双向 6 车道扩建为 8 车道。2008 年，浦东大道列入上海中心城区东西通道浦东段拓宽工程内。工程西起延安东路隧道浦东出口处，东至金桥路，全长 7.9 公里，按规划红线宽 50 米实施。其中隧道口至龙居路段 6.1 公里，由地下通道加地面道路组成。地下通道为双向 4 车道，附设紧急停车带及匝道集散车道；内环线至中环线段（罗山路至金桥路）为地面道路，设双向 8 车道。东西通道整个工程全线设置车辆出入口 11 处，并与规划建设中的轨道交通 14 号线配套，组成浦东新区核心城区"小内环"北段。工程于 2008

年 1 月开工,其间一度停工,至 2021 年基本竣工恢复通车。

浦东南路呈南北走向,南起上南路,北至北护塘路口,长 7.74 公里。1930 年 12 月兴筑,曾名浦东路(南段)。1935 年,建成 6 米宽煤渣车行道,更名为浦东南路。1948 年,改造为弹石路面。1958 年,拓宽成路幅26 米至 30 米的当时浦东最宽道路。1989 年,全线改建沥青混凝土路面,其中上南路至白莲泾段路宽 40 米,机动车道宽 16 米,两侧各设 5 米宽非机动车道;白莲泾至浦东大道段路宽 33 米,机动车道宽 14 米,两侧各设 4 米宽非机动车道。1990 年代末,泰东路并入浦东南路,由此浦东南路向北延伸至黄浦江边。2005 年,建设张杨路下立交桥。工程实施范围南起潍坊路,北至商城路,长 850 米。2008 年,浦东南路上南路至浦电路段列入世博会配套道路项目改造工程,实施路面维修整新拓宽。主要改造项目由双向 6 车道拓宽为双向 8 车道,改造平面交叉路口、桥梁和新建人行天桥。工程于 2008 年 4 月开工,2009 年 12 月竣工。

198. 张杨路下共同沟

张杨路扩建延伸与共同沟工程是 1994 年浦东新区一号重点工程,总投资 9.58 亿元,1994 年 1 月 24 日开工。工程西起浦东南路,东至金桥路(原上川路),全长 7.04 公里。浦东南路至源深路为改扩建段,源深路至金桥路为延伸段新建工程。其中浦东南路至崂山东路段长 0.6公里,路幅为 42 米;崂山东路至上川路段长 6.44 公里,路幅为 60 米。东方路至上川路段中央设 20 米绿化分隔带。设计车速为每小时 40 公里,为城市次干道。路基埋设雨水管线 1.49 万米,污水管线 1.37 万米。在建设张杨路的同时,道路两侧地下修建了将公用管线铺设集中于一体的箱体式管沟,俗称共同沟。共同沟全长 1.11 万米,平均距地下 1.8

米。采用混凝土现浇法,共计使用混凝土 4 万立方米。浦东南路至源深路北侧共同沟横断面为 5.6 米×2.6 米,长 3 360 米。此段共同沟分为 2 室,燃气管道单独设 1.65 米×2.1 米小室,电力电缆、通信电缆、给水管道合用一室。源深路至金桥路段两侧共同沟断面为 3.7 米×2.6 米,长 7 765.4 米,电力电缆、通信电缆、给水管道合用一室,燃气管道不进入共同沟。共同沟内有上水支线接管 113 个,燃气支线接管 18 个,电力支线接管 90 个,通信支线接管 59 个;给水管、电缆材料投放口 0.8 米×2 米有 37 个,0.8 米×0.8 米有 33 个;燃气管材料投放口 0.8 米×2 米有 11 个,人员出入口 31 个。张杨路架设桥梁 5 座(1 座护管桥),人行隔离护栏及防冲护栏总长 2.21 万米,安装路灯 530 座,路灯变电站 7 座,种植行道树 1 684 株,绿化面积 13 万平方米。同年 12 月 20 日,张杨路扩建与共同沟工程竣工。

此后,张杨路向西延伸至黄浦江畔,向东由金桥路延伸至外高桥港华路。全线途经浦明路、浦东南路、东方路、世纪大道、罗山路、金桥路、五洲大道,全长 20.5 公里,并分段命名为张杨路(浦明路至金桥路)、张杨北路(金桥路至港华路,此段曾名浦兴路)。

199. 景观河道张家浜

张家浜西起黄浦江,东至长江口,全长 25.25 公里。1998 年 11 月,西起黄浦江张家浜水闸,东至三八河 6.8 公里整治一期工程启动,2001 年 1 月竣工。2000 年 12 月,西起三八河,东至马家浜 3.6 公里二期整治工程动工,2001 年 5 月竣工。2001 年 4 月,西起马家浜,东至长江口 13.41 公里三期整治动工,其中随塘河东至长江口 1.41 公里为新开挖河道,2002 年 5 月竣工。

整治过程中,对张家浜水闸至罗山路桥沿线 10 米至 20 米宽区间绿化。在张家浜裁弯取直段两岸建设公共绿地 1.5 万平方米,并结合不同区域设置不同景观,形成与河道相符的水生植物群落。随着二期整治工程,两岸配套绿化景观向东延伸。张家浜改造工程获得"中国人居环境范例奖"。

200. 荷兰风情高桥港

2002 年,按上海市"一城九镇"改造建设总体要求,高起点、高标准,对处于高桥新城区域内的高桥港实施整治。高桥港为黄浦江支流,东起外环河运河,西至黄浦江,是浦东新区北部东西流向骨干河道,流经外高桥保税区和高桥镇镇区,全长 3.65 公里。

工程前期共动拆迁企业 29 家,居民 529 户。建设项目包括河道开挖、疏浚,老护岸、老桥梁拆除和新护岸、新桥梁建设以及截污纳管、人工岛、码头等。整治河段全长 2.45 公里(高桥港套闸至杨高北路),河面西段宽 37.5 米,东段宽 24 米。共计开挖、疏浚土方 35 万立方米,新建护岸 5 000 米,污水纳管 3 900 米,绿化 6 万平方米。南岸设置人工岛、支流、坡地、月亮湾游船码头。北岸设置 5 处观景平台和湿地。拆除原解放桥、胡家桥、胜利桥 3 座老桥,新建和龙路桥和胜利桥。建设费用 8 700 多万元,加上前期动拆迁和管线搬迁费用,项目总投资 3.2 亿元。整个工程建设历时近 1 年。

整治后,高桥港成为一条集休闲观光为一体的景观河道。

201. 滨江步道望江驿

浦东开发开放后,动工建设外高桥港区,位于黄浦江边的浦东运输码头开始有计划逐步搬离。进入 21 世纪,黄浦江全面综合开发正式提到上海市政府工作的议事日程。2002 年 1 月 10 日,上海市黄浦江两岸开发建设领导小组成立,同时成立的还有上海市黄浦江两岸开发建设投资(集团)有限公司。

根据规划,结合 2010 年上海世博园区建设将黄浦江生产岸线开发建设成为生活休闲岸线。开发范围涉及浦东、卢湾、黄浦、虹口和杨浦 5 个区,规划面积 22.60 平方公里。杨浦大桥地区、十六铺和东昌地区、上海船厂和北外滩地区、南浦大桥地区成为 4 个重点开发区域。2002 年 2 月 1 日下午 1 时正,东昌港区杨家渡码头高层仓库起爆拆除,标志着历时 100 多年的黄浦江市区段老港区开始整体迁出。至 2012 年,浦东黄浦江岸从杨浦大桥至徐浦大桥一线生产性码头(工厂)全部迁出,其港口运输功能由外高桥港区和洋山港区替代。

2017 年,在黄浦江东岸,杨浦大桥至徐浦大桥建成休闲型步道 22 公里,并在沿线设置洋溢文化气息的 22 个休闲式望江驿。昔日港区华丽转身,从生产运输岸线演变为居民的生活休闲长廊,成为"魔都"上海的休闲、文化、时尚之地。

202. 鹤鸣浦东建楼台

鹤鸣楼位于川沙镇川沙公园内。1991 年 7 月动工,1993 年 6 月建成开放。楼高 54 米,5 塔 7 层,建筑面积 4 200 平方米。上用琉璃瓦盖顶,下垒玉石平台。画栋回廊,竖 80 立柱。柱之巨,须两人合围。飞檐翘角,共系 60 金钟。一檐垂一钟,偶尔来风,60 金钟叮当生音,抑扬顿挫悦耳。驻足仰视,宏伟壮丽,气势非凡。赵朴初题额的"鹤鸣楼"三字悬于楼之正南顶层,兼有东、南、西、北四匾:东书"海天旭日",西书"江东妙境",南书"声闻于天",北书"钟灵毓秀",分别出自陈从周、谢稚柳、朱屺瞻、周慧珺等当代名家之手。

鹤鸣楼蕴意有四。一是楼之规模仿于武昌黄鹤楼。有诗云:"黄鹤一去不复返。"那么是否飞去至浦东? 二是浦东在古代属滨海人烟稀少之地,传为三国时期陆逊、晋陆机、陆云放鹤处,故产鹤之地,应有鹤鸣之楼。三是《诗经》有"鹤鸣于九皋、声闻于天"之句。今鹤鸣于黄浦江东,映衬浦东开发开放,名闻天下。四是川沙建城 400 余载,与时俱进,名人辈出,黄炎培、张闻天一代伟人名扬中华。

楼成之际,是川沙县析入浦东新区之时,是楼为见证,亦为纪念。

203. 碧云国际居住区

碧云国际社区南临锦绣东路,西靠三八河,北至杨高中路,东至金桥路,占地近 4 平方公里。区内已建成 18 个居住小区,常住居民 5 700 多户,近 2 万人。集聚了 60 多个国家和地区的 1 000 余户外籍家庭。

碧云国际居住区营造了低密度、低容积率、高绿地率的绿色宜居环境氛围,建筑风格多样,高层与别墅错落有致。红枫路休闲街、明月路林荫道,幽静而不乏时尚。社区教育体育医疗设施俱全,文化气息浓郁,形成金桥碧云国际社区长跑比赛、国际家庭欢聚日、中外家庭闹元宵、圣诞派对等品牌年度赛事和活动。

碧云天,芳草地,低密度,乡村风,碧云成为沪上著名的国际社区,有"浦西有'古北',浦东有'碧云'"之誉。

204. 联洋国际居住区

联洋居住区东至罗山路,南靠锦绣路,西至民生路,北邻杨高中路,面积约 1.9 平方公里,区域主要由浦东土地控股公司与洋泾乡政府联合组建的联洋土地发展有限公司负责统一开发建设。1996 年,沿民生路东侧的上海信息城(大楼)和上海浦东长途通信枢纽大楼(后为中国移动通信集团上海浦东分公司大楼)动工兴建,成为区域建设的发端。1999 年,联洋新苑、御景园、天安花园动工,标志着联洋居住区建设全面启动。其后,华丽家族、联洋年华、水清木华、联洋花园、当代清水园、中邦晶座、中邦风雅颂等相继建造。2003 年 4 月,区内最大楼盘仁恒河滨城项目开工。仁恒河滨城项目分三期建设,建筑总面积 74 万平方米。同年,占地 5.23 万平方米的社区商业配套设施大拇指广场动工。2017 年,联洋居住区各类项目建设基本完成。除了居住设施建设外,联洋居住区还建设了大拇指商业广场、联洋商业广场和丁香国际 3 个购物餐饮中心、3 家高星级(4 至 5 星级)酒店、2 所中学和 1 家医疗机构,以及证大五道口大厦、太湖国际、中国移动通信上海分公司浦东大楼等商办楼宇。

205. 滨江国际居住区

滨江居住区大致范围,东逾浦城路(菊园小区越过浦城路至浦东南路),西靠黄浦江,南至潍坊路,北接陆家嘴环路,面积约 1 平方公里。1997 年 11 月,第一个楼盘——仁恒滨江园动工兴建。2010 年末,滨江居住区基本建成。区内楼盘有仁恒滨江园、菊园、世茂滨江花园、江临天下、汇豪天下、盛大金磐花园、财富海景花园、中粮海景一号、汤臣一品等。最高楼盘为世茂滨江花园,高达 55 层。单套最大面积在汤臣一品,逾 1 200 平方米。滨江居住区楼盘容积率在 1.8 至 2.5,绿化率在 40% 至 50%。

2007 年,汤臣一品房价最高报每平方米 11 万元,一时成为媒体焦点,时人不信有其市场。2015 年,汤臣一品二手房价每平方米逾 19 万元(单套面积 767 平方米)。

滨江大道花景(2018 年)

联洋花木居住区(2009 年)

206. 工人新村建崂山

崂山新村在建造浦东工人新村的数十年时光里,如论知名度和影响力之高、之大,非它莫属,其住宅结构在当时亦属引领潮流。

1952 年 8 月 15 日,上海市市政建设委员会在研究 1953 年住宅建设计划时,决定在浦东地区开辟住宅建设基地。同年 9 月 30 日选址崂山地区,规划分二期建造 1 500 户。

第一期工程分两批进行,资金由企业自筹,全部建筑工程委托上海市市政建设委员会代建。第一批住宅 1953 年 6 月动工兴建,1954 年 4 月竣工。第一批住宅分配给市劳动模范居住。同年开始第二批 886 户住宅的建设。第二期工程始于 1955 年,当年建成 4.72 万平方米。经市政府同意,第一期、第二期住宅命名为崂山一村。此后,1956 年由市统一建造住宅 43 幢、2.65 万平方米,为崂山二村。1957 年建造 1.65 万平方米,为崂山三村。1958 年至 1959 年上半年,又建造 4.80 万平方米,为崂山四村。其时崂山新村住宅面积已近 15 万平方米,并建有崂山商场、浦东工人文化馆和东昌电影院等生活、文化、娱乐配套设施。1950 年代所建的崂山新村住宅层高为三层,卫生间两户合用。

1960—1970 年代,崂山新村实施三期工程,先后建造一批四层、五层住宅,但是厨房、卫生间仍为合用。1980 年代初开始建造五层、六层住宅的崂山五村、六村、七村。从这时起厨房、卫生间才成为每户独立使用的空间。1993 年崂山新村全部竣工,总占地面积 12.67 公顷,建筑总面积 20.65 万平方米;一至七村,共有住宅 169 幢、6 795 户。历时 40 年建造而成的崂山新村,清晰地勾画出浦东工人新村建设发展之路。

207. 潍坊新村分十村

潍坊新村是 1980 年代上海市政府在浦东规划建设工人新村的典型作品。新村北至张杨路,西为浦东南路,东临文登路(东方路),南临张家浜,占地 89 公顷,建筑总面积 89 万平方米,共建住宅 16 592 套,是上海市第六个五年计划中的 12 个居住区之一。

潍坊新村由上海市民用设计院和浙江大学设计院设计,共分一至十村。住宅型号有 75 - 1 型,宝钢点状甲型、乙型、沪住 2 型、12 型等。住宅型号的变迁,无疑是上海市住宅建设发展的缩影。从 1981 年 2 月动工建设到 1993 年 10 月全面建成,历时 12 年,其中潍坊二村和三村建筑面积 19.81 万平方米,由黄浦区住宅建设办公室建设。1983 年以后,由上海市居住区综合开发中心第八开发部接手施工,竣工建筑面积 69.19 万平方米,其中住宅 57.83 万平方米,包含 9 幢高层,建筑面积 10.42 万平方米(1 592 套);公共配套建筑面积 10.68 万平方米,人防建筑面积 6 797 平方米。村中建有中学 3 所、小学 3 所、幼儿园和托儿所 8 所,以及文化站和地段医院等设施。

潍坊新村改变了以往沿马路住宅山墙和兵营式建筑的模式,代之以高层、多层,达到宅群高低错落有致的效果,并辅以立体绿化点缀,给人以轻松、活泼感觉。因着潍坊新村,1986 年成立了潍坊新村街道办事处。

208. 金杨新村动迁房

在浦东开发的早期动迁安置房建设中,名声最响、建筑规模最大的莫过于金杨新村。新村东起金桥路,西至居家桥路,南靠杨高中路,北临张杨路,规划占地 206.7 公顷,分为 11 个街坊,总建筑面积 203.3 万平方米,其中多层住宅 461 幢,高层住宅 13 幢,住宅建筑面积 155 万平方米,公共配套建筑面积 48.3 万平方米,总投资约 36 亿元。

1992 年 6 月开工建设,1996 年底基本建成。配套服务设施有金杨路商业一条街、中小学各 3 所、幼儿园和托儿所 8 所、电话局 1 座。以现在的眼光看,金杨新村每种套型的面积是偏小的。小套面积一般在 38 平方米左右,中套面积 54 平方米左右,大套面积也不过在 70 多平方米。

209. 世博园区大动迁

2010 年上海世界博览会会址(简称世博园)动迁居民 1.74 万户,其中浦东 10 765 户,人口约 2.8 万人;动迁企事业单位 272 家,其中在浦东的有 188 家,包含中央部属 16 家、市属 43 家、区属 69 家、民营 55 家、外企 5 家。188 家中有位于浦东的上海第三钢铁厂、上海溶剂厂、上海振华港口机械厂、上海爱德华造船厂等。浦东新区负责 188 家企事业单位中 142 家的动迁。动迁个体工商户约 500 户,其中浦东新区负责动迁 343 户。居民动迁地块涉及白莲泾、东书房、鸿安公寓、雪野一村、后滩等 16 个居民点,房屋建筑面积约 66.4 万平方米,占地面积约 0.9 平方公里,涉及南码头路、上钢新村、周家渡 3 个街道的 11 个居委会。企事业单位动迁各类房屋总建筑面积约 185 万平方米,占地面积约 3.03 平方公里。

2004 年 12 月 3 日,浦东首批 6 家世博动迁企业拆房协议签约仪式在第一家被拆除企业杨思漂染厂举行。2005 年 3 月 31 日,第一批世博动迁居民 3405 户开始与动迁部门签约。4 月 10 日,在周家渡街道白莲泾、上钢新村街道南村、南码头路街道南码头路等动迁基地举行欢送百户世博动迁居民搬迁仪式。同月30日,第二批4 970户居民动迁启动。当日,现场出现千人排队争先签约、订房景象。8月31日,第三批动迁居民开始签约。2006年2月25日,浦东世博园区居民动迁任务全面完成。4月28日,由浦东新区负责动迁的142家企业全部签订了动迁协议。世博园动迁居民约70%安置于三林世博家园,其余安置于南平小区、永泰花苑和唐镇等地区。

210. 三林世博大家园

三林世博家园为安置2010年上海世博会浦东园区动迁居民而建设的居住区。这时的动迁房建设与金杨新村比较,无论在住宅结构提升、配套设施完善上,有了极大进步。三林世博家园地处三林镇境内,位于中环线以内的中心城区,东至春塘河及三林镇域边界,南至华夏西路,西至浦三路,北至南新小区。占地面积132.91公顷,其中居住用地面积约101.23公顷,总建筑面积约118.5万平方米,被列为上海市重大工程,共建造233幢房屋,定向安置世博基地动迁居民1.2万户、3.8万人。

2004年11月8日开工建设,2006年3月31日,第一期31万平方米住宅交付使用。4月29日,首批4 000余户动迁居民入住。2006年6月30日,第二期住宅开始交付。三林世博家园配套建设中小学各1所、幼儿园2所、福利院1所和社区医疗服务中心。沿小区南北主轴线,建有2.5万平方米商铺,配套了大型超市、商场、菜市场、公交首末站、大型休闲广场、中心绿地。三林世博家园获上海市"白玉兰"奖、上海市"四高"优秀小区奖、上海市优秀配套商品房奖、上海市优秀住宅金奖等荣誉。

211. 菊园旧区换新貌

菊园旧区位于陆家嘴中心地块,东靠浦东南路,北至陆家渡路,南依杨家渡路,西临荣昌路,面积24.07公顷。整个菊园旧区建筑设施简陋,居住环境甚差,共有企业、居民7 000多户。1996年,菊园旧区改造列入"四个一工程"。①

1997年4月,浦东房地产集团公司和新加坡发展银行置地集团联手取得该小区14.6公顷土地使用权,并组建了浦东新翔房地产发展有限公司。按照"边拆迁边建设"原则,前期动迁分三期进行。1997年12月31日,完成了一期、二期共4 700余户企业、居民的动迁任务,共拆除旧房21.9万平方米。2000年4月8日,第三期744户居民迁出,菊园动迁全面完成。

菊园小区建设分4期进行,其中一期工程占地4.59万平方米,建筑总面积15.96万平方米,于2000年12月31日竣工。2006年,整个菊园小区改造完成。建成后的菊园居住区分别命名为菊园、汇豪天下和江临天下。除建造商品住宅外,沿浦东南路和张杨路一侧区域,建造了上海湾、中融大厦、鄂尔多斯国际大厦、隆宇大厦等商务楼宇。

212. 曹路大型居住区

曹路大型居住区位于曹路镇,是上海市规划建设的六大保障性住

---

① 四个一工程即为建设或改造滨江大道"一道"、陆家嘴中心区"一区(中心绿地)"、文明景观路线(一线)、菊园旧区改造"一块"。

宅基地中面积最大的居住区。居住区北起东靖路，南临秦家港，西靠浦东运河、东至凌空北路，占地5.14平方公里。

2009年8月28日，由北至南动工建设。2011年，首批住宅交付使用。至2019年，整个基地已建成星纳、星颂、星晓、星金、星海、海尚、中虹、金钻、金群、佳伟等街坊和敬老院、幼儿园、中小学、文化、体育、卫生等配套设施，以及地下车库和轨道交通9号线曹路站。曹路居住区经上海市地名办公室批准命名为金海华城。

213. 世博配套建道路

为保障2010年上海世博会举办期间交通顺畅，从2007年下半年起，浦东启动总投资400多亿元的25条世博配套道路（包含绿化和天桥项目）建设（主要为改建扩建工程）。25条道路总长约96公里，包括杨高南路、张杨路、昌邑路、成山路、云台路、东方路、高科西路人行天桥、浦建路、金桥路、中环线浦东南段、机场北通道（华夏路高架）、东西通道、内环线浦东段改造、浦东南路、长清路、上南路、高科西路、沪南路、纬一路、林浦路、浦明路、中环线浦东南段绿带、机场北通道绿带、长清路人行天桥、申江路的改造或新建。

2009年底，16个道路项目建成。12月25日，世博配套道路中规模最大的"两环一道"，即上海内环线改造、中环线浦东南段和机场北通道（华夏路高架）主线竣工通车。2010年3月28日，东西通道工程小陆家嘴区域地面道路全面建成，地面工程涉及的陆家嘴环岛、银城中路、陆家嘴东路、世纪大道部分路面等全面恢复通车。至此，浦东新区承担的世博配套道路项目全面竣工。

214. 一轴四馆永留存

"一轴四馆"为上海世博会园区建造的世博轴、中国国家馆、世博主题馆、世博中心和世博文化中心5个标志性主建筑。

世博轴是世博园区的中央景观轴线,是连接各展馆的主要通道。中国国家馆以斗拱造型和表面覆叠篆文字的构思,将中国人对于世博会的憧憬寄托在独特的建筑语言之中,今保留后,名之"中华艺术宫"。世博文化中心造型呈飞碟状,喻时空飞梭,艺海贝壳,今保留后,名之"梅赛德斯·奔驰文化中心"。世博中心利用沿江景致,通过设计使建筑的大部分功能空间能获得最佳的景观视野,今保留后名之"世博会议中心"。世博主题馆以上海里弄、老虎窗的构思,运用"折纸"手法,形成立体构建,今保留后,名之"上海世博会展览馆"。5座建筑都获得中国鲁班奖。

世博园区中国馆(中华艺术宫,2010年)

世博文化中心(梅赛德斯·奔驰文化中心,2010 年)

川沙镇老街(2018 年)

高桥镇老街

215. 由由饭店农民造

　　由由饭店位于浦东南路 2111 号的浦建路口。1987 年,由严桥乡工业公司投资 600 多万元兴建,总建筑面积 7 530 平方米,共计 10 层、119 间标准房。

　　1990 年 7 月落成之际,正好迎来浦东开发开放大潮。此时浦东地区办公楼宇奇缺,而刚开张营业的由由饭店是当时浦东设施条件最好的商务楼宇,所以一开业便一房难求,许多开发机构纷纷入驻办公。同年 8 月 24 日,浦东第一家分行级金融机构中国农业银行浦东分行在此成立。9 月 11 日,全面负责陆家嘴、金桥、外高桥开发区开发建设的陆家嘴、外高桥、金桥开发公司亦在此成立。一时,由由饭店成为浦东开发机构最为密集汇聚的楼宇。严桥乡也凭借此楼赚到了浦东开发的第一桶金。

216. 村庄改造面貌新

2005年10月,在中国共产党十六届五中全会上通过的《十一五规划纲要建议》中,提出要按照"生产发展、生活宽裕、乡风文明、村容整洁、管理民主"要求,扎实推进社会主义新农村建设。浦东在全市率先开展以村庄改造为主要内容的社会主义新农村建设。

村庄改造所涉及的村庄分布于农田保护区内的合庆镇、川沙新镇、曹路镇、高桥镇。2007年,首先在合庆镇启动村庄改造试点。之后又对10个村的部分自然村落实施改造,涉及农户1 620户,总投资1 000余万元。2008年3月,浦东启动首批村庄改造工作,涉及16个建制村,118个自然村落,改造总户数1.16万户,总投资5.1亿元。2009年,实施第二批村庄改造计划,涉及4个镇、34个建制村、总户数1.67万户,总投资11.6亿元。

经改造后的村庄做到河道"水清、坡洁、岸绿",水质提高,主要路桥"宽、平、畅、亮",村庄道路形成网络;沿路、沿河绿化成带,村庄中心绿地成片;村民活动中心设施完备,村宅外墙整修一新,村民庭院整洁有序;环卫设施配置齐全,垃圾收集清运到位。

在村庄改造中,生活污水处理作为一项重要的改造项目,总计投入资金8.61亿元,建立起农户生活污水收集与排放系统,并纳入市政污水管网或建设生活污水生化处理池。2010年,实施生活污水处理改造的主要为原南汇地区的16个镇、69个村,涉及农户4.4万户,投入资金8亿元。

217. 万里长江第一镇

高桥镇位于浦东东北部,北为吴淞口,西是黄浦江,东是长江口,并与外高桥港区、外高桥保税区相接,总面积 38.73 平方公里,其中镇区面积 6 平方公里。

高桥历史文化悠久,地理位置优越,有"万里长江第一镇"美誉。镇区有明清古迹永乐御碑、老宝山城。镇内历史文化风貌保护区面积 37.13 万平方米。保护区由保存较为完好的名宅故居、古桥、古园林和河道所组成,具有明清时期水乡城镇整体风貌和历史文化风貌特征。留存有高桥镇 800 多年发展的痕迹,蕴藏着丰富的物质与非物质遗存,集中体现清末民初城镇生活文化和居住生活形态。

位于保护区东街、西街和北街的钟氏民宅、敬业堂、凌氏民宅、黄氏民宅、仰贤堂为区级文物保护单位。镇区辟有历史文化陈列馆、展示国家级非物质文化的高桥绒绣馆。2012 年 10 月,高桥镇被评为第五批中国历史文化名镇。

218. 人杰地灵川沙镇

川沙镇位于浦东新区中东部,历史悠久文化昌盛。两度被评为"中国民间文化艺术之乡",素有"浦东历史文化之根"盛誉。

川沙东临东海。明嘉靖三十六年(1557 年)筑城墙,设四门,御来犯倭寇而镇兴。1810 年设治川沙抚民厅,1911 年辛亥革命中改厅为县。1993 年浦东新区建立,川沙撤县融入浦东新区。

与时俱进,实干兴邦。清乾隆年间,中国文化名人胡适的家族设茶庄于川沙,名曰"胡万和"。1880 年,中国第一家现代建筑企业,由川沙人杨斯盛在上海滩创立。1900 年,第一架毛巾织机在内史第轰鸣,川沙成为中国毛巾工业发源地。1925 年,由民间资本建设的上川铁路竣工,第一列火车从川沙镇驶向黄浦江畔。浦东开发开放,川沙立于潮头,申华联合电工在上海资本市场上市,成为新中国证券"老八股"之一。

文化灿烂,名人接踵。汉石经室名满江南,水、木两工信誉卓著上海滩。新中国政务院副总理、人大常委副委员长黄炎培,国家名誉主席宋庆龄兄妹在此出生,此乡更是现代音乐教育家黄自、著名水利专家黄万里、沪上名医陆渊雷、中国科学院院士和中国工程院士陆婉珍与陆钟武姐弟故里。

2014年3月,川沙镇被评为第六批中国历史文化名镇。

今川沙老城区保留有纪念乔镗领民筑城的功德牌坊、抵御倭寇的明代城墙(一段),名人辈出的江南民居内史第以及川沙营造馆、戏曲馆。2017年,川沙规划为上海城市副中心。

219. 小小新场赛苏州

新场镇位于浦东新区中南部,古时称"石笋里",因"熬波煮盐"而镇名之,素有"银新场""十三牌楼九环龙,小小新场赛苏州"之美誉。

新场以古拱桥、石驳岸、长街大宅、老店名刹、清波柳岸,描绘出一幅灵动江南的水彩画。

古镇区域面积1.48平方公里。镇之大街南北逶迤3余里,街之长属上海地区所罕见;两侧星布清末、民初建筑之经典,尤以张厅、奚家厅、江南第一茶楼等为翘楚,粉墙黛瓦,雕梁画栋,各具特色。水为镇之韵,洪桥、包桥、后市、东横四河,以两横两纵将镇划"写"成"井"字形。桥为镇之魂,今存洪福、千秋、白虎、扬辉、永宁等10余座。假如入夜枕河卧,桨声"咿呀"梦中来;假如晨起凭桥栏,深巷市声能醉侬。

因盐业而兴盛,因人文绵延而不衰。自宋代始,向学重教,蔚然成风,金榜题名,人才迭出,凡进士19人、举子46人。后生可畏,一脉相承,叶培大、唐有祺、黄培康分别入中国科学院和中国工程院院士之列,可谓"进士之乡、院士之镇"。

得天独厚环境,浓郁人文气息,使新场进入影视创作者视野。《色戒》《叶问》《摆渡人》《国民大生活》等作品在此拍摄。

文化底蕴源远流长。锣鼓书、琵琶艺术(浦东派)为国家级非物质文化遗产,被命名为中国民间文化艺术之乡、全国特色小镇。

2009 年 3 月,新场被评为中国历史文化名镇。

第七辑　科教卫体

六里桥头，

毁家兴学创办浦东中学；

曹家沟畔，

诞生第一所师范学校；

张江园区，

建设国家级科学城；

仁济医院，

体育中心，

与健康同行。

220. 上海药物研究所

上海药物研究所前身是国立北平研究院药物研究所,1932 年创建,次年从北平迁至上海。2003 年 5 月,从上海东安路迁至浦东张江科技园区祖冲之路 555 号、占地 2.9 公顷的新址。2010 年建设位于海科路 501 号的二期工程,占地 2.23 公顷。

上海药物研究所设 3 个国家级研究中心、5 个研究室、6 个技术平台、4 个支撑服务机构。还设有化学、药学专业一级学科博士后流动站 2 个。2010 年,研究所有正高级职称 90 人,包括两院院士 6 人、国家千人计划 1 人、973 首席科学家 3 人、百人计划获得者 28 人、杰出青年科学基金获得者 16 人。

221. 上海石化研究院

中国石油化工股份有限公司上海石油化工研究院,前身为 1960 年创办的上海石油化工研究所,位于浦东北路 1658 号,是国内最早从事石油化学科技开发的综合性研究机构之一。下设有基本有机原料催化剂国家工程研究中心、国家人事部博士后工作站、全国标准化委员会石油化学分技术委员会、中国石化有机原料科技情报中心站、上海市石油化工产品质量监督检验站、上海测试中心催化剂行业测试点等机构,与联合化学反应工程研究所共同主办中国化学工业类核心期刊《化学反应工程与工艺》。

至 2010 年,石化院共获得国家科技进步一等奖 1 项、二等奖 8 项、国家技术发明二等奖 2 项;有中国工程院院士 1 人、国家级有突出贡献专家 2 人。

222. 超级计算机中心

2000 年 5 月 28 日,列为上海市 2000 年一号工程的上海超级计算中心一期项目在张江高科技园区郭守敬路 585 号动工,2001 年 1 月 5 日建成启用。

一期工程投资 1 亿元,建筑面积近 1 万平方米,引进当时国内投入商业运营最快的"神威-Ⅰ"超级计算机,计算峰值达到每秒 3 840 亿次。2004 年 11 月,引进第二代主机 10 万亿次的"曙光 4000A"系统。2009 年 6 月,中心再次升级,引进由中科院计算所国家智能计算机研究开发中心、曙光信息产业(北京)有限公司、超算中心联合研制的百万亿次超级计算机——"魔方"(曙光 5000A)。开业以来,中心业务达到饱和状态。

223. 上海同步辐射光

上海同步辐射光源是中国科学院与上海市政府共同建造的国家重大科学工程项目,位于张江高科技园区张衡路 239 号,总投资 14.3 亿元,占地 20 万平方米。2004 年 12 月 25 日动工,2010 年 1 月通过国家验收。

此项工程是中国自主设计建设的第一台、也是国际上最早建设的一批中能第三代同步辐射光源。在科学界和工业界有着广泛的应用价值,可提供从红外到硬 X 射线的广谱同步辐射光,主要用于生命科学、材料科学、环境科学、信息科学、凝聚态物理、原子分子物理、团簇物理、化学、医学、药学等多学科的前沿基础研究等领域,被国务院授予"国家科技进步一等奖"。

224.　极地研究中心

中国极地研究中心前身为中国极地研究所,1989 年成立,2003 年更名为中国极地研究中心,地址金桥路 451 号。极地研究中心是中国唯一专门从事极地考察的科学研究和保障业务中心,也是中国极地科学的研究中心和"国家海洋局极地科学重点实验室"的依托单位。

中国极地研究中心主要开展极地雪冰海洋与全球变化、极区电离层磁层耦合与空间天气、极地生态环境及其生命过程以及极地科学基础平台技术等领域的研究;建有极地雪冰与全球变化实验室、电离层物理实验室、极光和磁层物理实验室、极地生物分析实验室、微生物与分子生物学分析实验室、生化分析实验室、极地微生物菌种保藏库和船载实验室等实验分析设施。在南极长城站、中山站建有国家野外科学观测研究站,是开展极地雪冰和空间环境研究的重要依托平台。

极地研究中心还负责"雪龙"号极地科学考察船,南极长城站、中山站、昆仑站,北极黄河站以及国内基地的运行与管理;负责中国南北极考察队的后勤保障工作,开展极地考察条件保障的国际交流与合作;负责极地科学数据库、极地信息网络、极地档案馆、极地图书馆、样品样本库的建设与管理并提供公益服务;负责出版《极地研究》中英文杂志,进行国际极地信息交流与合作,极地博物馆、极地科普馆的建设和管理。

1994 年至 2010 年,中国极地研究中心组织 26 次南极考察;1999 年至 2010 年,组织 4 次北极考察。

225. 人类基因南方中心

1998 年 3 月 4 日，国家科技部中国生物技术发展中心、上海市政府、浦东新区、张江高科技园区，以及上海新药研究开发中心、浦东科技创业投资公司、中国科学院上海分院（上海生命科学研究院）、第二军医大学、复旦大学、上海交通大学医学院（附属瑞金医院、上海市肿瘤研究所）等机构，作为发起理事单位，共同投资 4 150 万元组建上海人类基因组研究中心。同年 10 月 29 日，中心命名为"国家人类基因组南方研究中心"（简称南方中心），并在张江园区碧波路 250 号挂牌运营。

南方中心占地面积约 3 440 平方米，建筑面积 5 440 平方米（租赁用房）。下设基因组测序部、遗传学研究部、功能基因组学研究部、生物信息学部、免疫与细胞生物学研究部和伦理、法律与社会问题研究部；拥有一支由 2 位中国科学院院士领衔、20 位博士和 30 位硕士组成的科研队伍；建立了 1 个样品收集体系和大规模测序平台、大规模基因组分型分析系统平台、功能基因组学研究平台、生物信息学研究平台 4 个平台。

至 2010 年，南方中心共发表论文 434 篇，其中 SCI 论文 321 篇、国际权威学术期刊 111 篇，承担省部级以上重大项目 118 项，申请专利 471 项，批准 17 项。

226. 张江建设科学城

规划建设中的张江科学城位于浦东中部，北至龙东大道、东至外环—沪芦高速、南至下盐公路、西至罗山路—沪奉高速，总面积约 94 平方公里。为加强与龙阳路交通枢纽、国际旅游度假区等周边地区的协调和联动发展,外扩形成衔接范围,总面积约 191 平方公里。科学城规划范围涵盖了原有的张江高科技园区、上海国际医学园区、康桥工业区,已经集聚了一批高校、研发机构、公共服务设施、高新技术企业、生物医药、信息通信等主导产业和创新创业人才。

规划以张江高科技园区为基础,围绕建设上海张江综合性国家科学中心目标,集聚全球顶尖创新人才、国家大科学设施、高水平创新型大学、科研机构和跨国企业研发中心,最终发展成为中国乃至全球新知识、新技术创造之地和新产业培育之地,直至建成世界一流科学城。

227. 自控温室第一座

1996 年,孙桥现代农业开发区出资 2 700 万元从荷兰引进 3.1 公顷自动控制玻璃温室,成为上海市的第一座自控温室。温室从 1996 年 2 月开始安装,9 月安装完毕调试成功,成为浦东现代农业设施建设的开端。

温室分成 6 个单元,自成体系,采用无土栽培、天然降水灌溉、配方施肥、营养液滴灌、补给 CO_2 等先进技术培植作物。温室由计算机自动调控温度、湿度、通风、肥料、水分,定时进行营养液、温度、EC 值、pH 值等理化指标测定,并随时调整和补充,使作物始终处于最佳生长状态。

是年温室收获 3 万公斤甜椒、黄瓜和樱桃番茄。温室具有年生产 1 500 吨优质、洁净、绿色蔬菜产能。

228. 上海海事大学

上海海事大学创办 1959 年,原名上海海运学院,位于浦东大道

1550号,隶属交通部。2004年升格更名为上海海事大学。根据上海市高校布局结构调整规划,2008年10月,学校主校区搬迁至临港新城。临港校区占地面积133万余平方米,总建筑面积60万平方米,绿化率52%,水域面积8万平方米。

1997年5月,学校获批为培养工商管理硕士(MBA)高校。1998年,交通运输规划与管理学科被批准为学校首个博士学位授权学科。2002年,成为全国首批举办EMBA教育单位之一。2007年交通运输工程和电气工程成为国家博士后科研流动站。

学校先后承担一批国家级、部市级以及港航企事业单位的科研项目,获得一批国家级、部市级以上科技进步奖,其中"现代集装箱码头智能化生产关键技术"获国家科技进步二等奖。

2020年末,学校设有3个博士后科研流动站(交通运输工程、电气工程、管理科学与工程)、4个一级学科博士点(交通运输工程、管理科学工程、船舶与海洋工程、电气工程)、17个二级学科博士点、16个一级学科硕士学位授权点、63个二级学科硕士学位授权点、13个专业学位授权类别、49个本科专业、16个省部级重点研究基地。

上海同步辐射光源(2009年)

2001 年 11 月 15 日，在浦东新华港区举行第 18 次南极考察队暨雪龙号考察船启航欢送仪式

位于张江高科技园区蔡伦路上的上海中医药大学(2013 年)

上海儿童医学中心(1998年)

229. 上海中医药大学

上海中医药大学创立于 1956 年,原名上海中医学院,是新中国首批建立的 4 所中医药高等院校之一。1993 年,升格更名为上海中医药大学。2000 年,原上海医学高等专科学校并入。2003 年 10 月,学校整体由零陵路 530 号搬迁至张江高科技园区蔡伦路 1200 号新校园,成为"张江药谷"的重要组成部分。

搬迁浦东后,学校加大高层次人才培养和引进力度。2005 年,启动名医名师传承工程。至 2010 年,共立项 11 个名师工作室、12 个名师研究室,裘沛然、钱伯文传承团队被国家中医药管理局列为 2010 年全国名老中医药专家传承工作室建设项目。

2004 年至 2010 年,学校在研科研项目 774 项,发表论文共计 1 963 篇,其中 SCI 收录论文 137 篇(作为第一作者单位收录 84 篇)。施杞的"气血理论在延缓椎间盘退变过程的运用与发展"获 2006 年度中华中医药学会科学技术奖一等奖。胡之璧的"黄芪毛状根培养体系与转基因技术平台的关键技术研究"获 2007 年度国家科技进步奖二等奖。中药质量控制综合评价技术创新及其应用获 2010 年度国家科技进步奖二等奖。

至 2020 年,学校拥有两院院士 4 人、国医大师 2 人、全国名中医 2 人、上海市名中医 69 人、高级专家和教授 700 人,有中医外科学、中药学、中医内科学及中医骨伤科学 4 个国家重点学科,国家重点学科(培育)2 个,中医医史文献学、针灸推拿学与国家中医药管理局重点学科 38 个。

230. 上海第二工业大学

上海第二工业大学前身为上海市业余工业大学,成立于 1960 年,1984 年更名为上海第二工业大学。2000 年,经国家教育部批准转制为全日制高等职业院校。2001 年,与上海东沪职业技术学院合并组建新的上海第二工业大学(简称二工大)。2003 年,由上海市政府批准为全日制普通本科高等学校。2010 年,获批外国留学生招生资格。学校以工科见长,多学科协调发展;以本科教育为主体,是拥有专业学位研究生教育和高等职业教育的市属普通高等学校。

学校由主校区和若干个分校区组成,总占地 53.33 公顷。主校区于 2002 年整体搬迁至金海路 2360 号新校区。新校区总建筑面积近 30 万平方米,其中实验实训中心 4 万多平方米。

学校设有机电工程学院、电子与电气工程学院、计算机与信息学院、理学院、外国语学院、人文学院、经济管理学院、应用艺术设计学院、国际交流学院、体育部、实验实训中心、思想政治理论教学部、成人与继续教育学院 13 个二级教学单位;拥有工学、经济学、管理学、文学、理学 5 个学科门类、20 个专业类,共计 46 个本科专业、31 个高职专业和 2 个专业硕士研究生学位点(资源与环境服务行业特需项目、电子信息类专业学位)。

231. 民办高校第一所

1992 年 8 月 11 日,上海市高教局批准"上海杉达学院"筹办并试招生,设置国际商务、现代会计与计算机应用 3 个专业,招生规模 150 人。9 月 14 日,杉达学院首届学生开学典礼举行。由于当时浦东校区尚未建设,暂假普陀区长寿路 625 号的上海纺织工业职工大学开展教学活动。1993 年 4 月,学校与金桥出口加工区开发公司签订意向书,由该公司转让土地 3.33 公顷建设校本部。1994 年 2 月,国家教委发文同意建立民办"上海杉达学院"。6 月 10 日,学校举行浦东金桥总部揭牌仪式。2001 年 9 月,金海校区一期项目建成并投入使用,校本部从金桥校区迁入金海校区(金海路 2727 号)。2002 年,国家教育部批准上海杉达学院为民办本科层次普通高校。

2020 年,学校有上海浦东金海、浙江嘉善两个校区,总占地面积 53.87 公顷,校舍总建筑面积 36 万平方米,设置经济学、法学、文学、工学、管理学、艺术学、医学、教育学 8 个学科门类,40 个本科专业、6 个专科专业。学校下设胜祥商学院、管理学院、信息科学与技术学院、外语学院、艺术设计与传媒学院、国际医学技术学院、教育学院、机电工程学院、嘉善光彪学院(校基础部)、马克思主义学院、沪东工学院、体育教学部、继续教育学院等二级学院(部)。全日制在校生 1.5 万余人,其中本科生 1.4 万余人。建校以来,培养了 5 万余名各级各类人才。

232. 浦东师范学校

1929 年,上海市新陆师范学校在浦东新陆曹家沟畔(今新金桥路与东陆路交汇处)创办,分农艺、工艺两科,后增设民教科,并设有实验农场和小工厂。1937 年中日淞沪会战爆发后,迁入上海市区。

上海市第六师范学校位于浦东大道 1600 号,1958 年创办,占地面积 3.26 万平方米。

浦明师范学校位于浦东南路 1454 号,1982 年由浦明中学改制而成,占地面积 1.87 万平方米。

上海市第二幼儿师范学校位于浦东东塘路 17 号(原东沟中学校址)。1980 年设幼师班,次年正式建校,主要为上海郊县培养幼儿园教师。

上海市体育师范学校创办于 1985 年。1986 年,由虹口区迁至浦东杨思镇。

1996 年,4 所师范学校停止招收中师生。上海市第六师范学校更名为上海市实验学校。浦明师范学校改制为东格致中学。第二幼儿师范学校的中师生于 1998 年毕业,招收的大专班学生并入上海师范大学。上海市体育师范学校停止招收中专生后,为上海师范大学代招 5 年制学历专科生。至此,起步于 1929 年的浦东中等师范教育停办。

233. 浦东中学誉江南

1907 年,由沪上著名建筑商、浦东川沙蔡路人杨斯盛在浦东六里桥"毁家兴学"创办浦东中学,首任校长黄炎培。民国五年(1916 年)浦东中学试行文、理分科。民国十三年起,高中部分设普通科、升学科和职业科。

学校严格遴选导师,早期邀请社会知名人士如陈独秀、沈雁冰、恽代英、郭沫若以及美国教育家杜威、华尔德等来校讲学。学校办学以高质量、严要求著称,为国家造就了大批人才。范文澜、钱昌照、罗尔纲、王淦昌、童纯才、潘序伦、夏坚白、王艮仲等曾在浦东中学毕业或肄业。时有"北南开，南浦东"之誉。

学校具有光荣革命传统。民国十四年"五卅"运动中，全校学生上街游行示威。胡也频、殷夫、陈培仁、邓拔奇等学生，就此走上革命道路。"九一八"事变后，浦东中学学生会领衔通电全市学校成立上海学生抗日救国会，并以该校分会的名义印发《告同胞书》。"八一三"中日淞沪会战中，校舍被日机炸毁，学校迁址上海市区杜美路（今东湖路）。1951年9月，浦东中学在六里桥复校。1958年恢复高中部，易名上海市浦东中学。2010年，学校被命名为浦东新区实验性示范性高中。

234. 杜威演讲在浦中

1919年4月30日，美国哲学家、教育家杜威应胡适、蒋梦麟、陶行知等人的邀请，结束在日本的讲学后，乘船抵达上海，在中国巡回讲学。

1920年6月3日，杜威走进浦东中学讲学，时"男女来宾甚众"。

上午10时，首先由校长朱叔源致欢迎辞。朱叔源在致辞中指出，杜威博士为近世大哲学家，声誉卓著。接着，杜威开始了"公民教育"的主旨演讲。开场白后，杜威转入主题，"今天欲与诸君讨论的问题，就是'公民教育'"。杜威说，在学校"直接所受的教育，是要培养公民资格"。"公民资格"有四个方面：在政治方面，"要有一种精神来辅助中央政府，为国家谋公共利益"；对于家庭方面，也是非常重要，少时在家，做个良子弟，后来便做个良父亲，去教育子弟，成一个好的公民，以辅学校的不足。在经济方面，"不但是谋个人的经济，也要顾到谋公共利益才好"。最后，"要做一个好的公民，总要善用余暇，到社会上去谋人与人之交际，勿使有害身心之发生"。那么，怎么养成以上四种"公民资格"呢？之后，杜威列举了三个办法。

演讲最后,杜威联想到他在中国一年多行程中的所见所闻,不由自主地感叹道:"倘若各个能如是(指浦东中学的办学理念),中国的前途就有望了。"杜威的演讲,像他在中国各地的每一次演讲一样,自然受到了浦东中学师生们的一致欢迎和赞扬。不知不觉,已经到了中午时分,演讲会在意犹未尽中圆满结束。杜威的浦东中学之行,在浦东中学史上留下了不可或缺的一笔。

235. 华东师大二附中

华东师范大学第二附属中学创建于 1958 年,位于枣阳路 896 号。1963 年被定为上海市重点中学,1978 年被定为教育部直属重点中学。2002 年 9 月,学校整体搬迁至张江高科技园区新校区,地址为晨晖路 555 号。

新校区投资 2.7 亿元,占地 10 万平方米,建筑面积 5.2 万多平方米。学校以教学、体育、生活分为三大功能区域,拥有数码互动生物实验室、科技探索馆、学生影视制作中心、机器人创新实验室、生物组织培养实验室、植物化学实验室、生态环境实验室、计算机工程实验室、分析化学实验室、天文台、心理实验室 11 个科技创新实验室(设施)。2000 年 9 月起,学校实行首席教师制。2005 年,学校被评为上海市首批市实验性示范性高中。

学校制订"追求卓越、培养创造未来的人"的办学目标,提出六个"一百",即 100% 学生参加小课题研究、100% 学生参与社团活动、100% 学生会游泳;建设 100 多门学校课程供学生选择,学生在高中阶段做 100 个实验,完成 100 课时的志愿者服务。学校学生在国际中学生奥林匹克物理、化学、数学、生物、信息科学、环境科学竞赛中获得数十枚金牌,在国际中学生科学与工程大赛中多次获奖。

236. 台胞捐资建进才

浦东江镇人、台湾同胞叶进财出资 1.3 亿元(另加政府配套设施和土地资金共计 3 亿元)建设位于杨高路与民生路口的进才中学,1996 年 9 月 1 日建成开学。学校占地 11.53 万平方米,整体建筑呈现中国古代学宫格局,分别有春华、夏荣、秋实、冬蕴 4 幢教学楼和飞天、逐日、奔月 3 幢宿舍楼组成,拥有标准足球场、体育馆、室内游泳馆、天象馆、天文台、图书馆等教育教学设施,以及机器人实验室、创新实验工厂、DIS 物理实验室、生化实验楼、艺术楼等,是当时上海地区设施最具现代化的中学,分设高中部、国际部,是上海市实验性示范性高级中学。

237. 仁济医院建东院

仁济医院始建于 1844 年,位于山东中路 145 号（今称为仁济医院西院）,是上海开埠后第一所西医医院。1998 年,医院改称为上海第二医科大学附属仁济医院。2005 年,更名为上海交通大学医学院附属仁济医院。仁济医院东院位于浦建路 160 号,占地 8.69 万平方米,总建筑面积 20.69 万平方米,是第一家入驻浦东的市级三级甲等综合性医院。

1996 年 8 月,占地 5.2 公顷,总建筑面积 4.63 万平方米,总投资 1.30 亿元的仁济东院一期工程动工。1999 年 10 月建成启用。2005 年 5 月,建筑面积 3.63 万平方米,配有 23 间层流手术室的外科大楼竣工。2008 年末建设三期工程主体项目"门急诊医技综合楼"。

2020 年底,仁济医院(包括西、东两院和南院、北院)共有正式职工 4 300 多人,其中正、副高级职称专家 580 余人;设有消化科、心内科、神经外科、风湿科、核医学科、妇产科、妇科肿瘤科、泌尿科、肾脏科、麻醉科、疼痛科、重症医学科、放射科、胃肠外科、肝脏外科、胆胰外科、乳腺外科、血管外科、头颈外科、血液科等 54 个临床医技科室;获得多项国家科技进步奖、中华医学科技奖。2020 年科研经费近 3亿元。

238. 上海儿童医学中心

1989 年 3 月,上海第二医科大学附属新华医院,通过医学交流引进上海儿童医学中心项目,总投资逾 6 亿元,是中国政府与美国世界健康基金会的全球最大合作项目。

儿医中心位于东方路 1678 号,占地 6.67 公顷,总建筑面积约 8.4 万平方米,床位 1 000 张。1996 年 3 月 14 日开工建设。1998 年 6 月 1 日落成开业。美国总统夫人希拉里·克林顿女士为医院开张剪彩。

2007 年,儿医中心国内首幢儿童心脏中心大楼启用,是国内建立最早、全球规模最大的小儿先天性心脏病诊治中心。心脏手术每年逾 3 500 例,其中复杂、疑难病例大于 55%,手术成功率 97% 以上。儿医中心的儿童血液肿瘤中心是国内规模最大的儿童血液肿瘤诊治中心。每年收治新发白血病及肿瘤病例 550 余例,完成各类疑难重症的造血干细胞移植约 150 例;儿童急性淋巴细胞性白血病 5 年无病生存率大于 75%,再生障碍性贫血移植总体成功率 91%。2009 年,儿医中心成立国内首家儿科转化医学研究所。

2010 年,儿医中心成为国内首家通过 JCI 国际医院认证的儿童专科医院。20 多年来,儿医中心先后获得国家科技进步二等奖 8 项(其中合作 2 项），多次获得上海市科学进步一等奖、中华医学会科技进步奖、教育部科技进步奖、宋庆龄儿科医学奖等重大科研奖励。

239. 东方体育中心

东方体育中心位于黄浦江东畔的泳耀路 300 号，占地 34.75 公顷。2008 年 12 月 28 日开工建设，2010 年 12 月 28 日落成，2011 年 3 月逐步交付使用。东方体育中心建筑面积 18.8 万平方米，由体育馆、游泳馆、室外跳水池、东方体育大厦，以及一个标高为 11 米的大平台和一些辅助设施所组成。室外部分设有大型广场、大型停车场、运动场、起伏的绿地和人工湖景观。中心由德国 GMP 国际建筑设计有限公司、上海建筑设计研究院和同济大学设计院组成设计联合体共同设计，整体环境体现水的灵性和动感，为上海标志性建筑之一。

240. 源深体育中心

源深体育中心位于羽山路 9 号，东起桃林路、南抵羽山路、西为源深路、北至张杨路，占地 15.87 公顷，总建筑面积 10.32 万平方米，绿化率 33%，是一座公园式的综合型公共体育场所。中心按规划分步建设分步开放。

1995 年开始动工，至 2008 年 3 月先后建成训练馆（乒乓羽毛球中心）、2 万人体育场、室内网球中心、5 500 个座位的源深体育馆（含游泳馆），另外还有 7 片人工草坪足球场、3 片天然草坪足球训练场、篮球公园、极限运动场、健身苑点等配套设施设备。

源深体育中心对外开放后，先后举办射箭世界杯（上海站）比赛、李宁·中国羽毛球赛、全国田径锦标赛、中国足球协会超级联赛、中国足球协会甲级联赛、CBA篮球联赛等各种类型的国际国内大型比赛。

源深体育中心足球场（1999年）

上汽浦东足球场（2021年）

241. 上汽浦东足球场

上汽浦东足球场总投资约 18 亿元,位于金槐路以东,锦绣东路以南,建设用地面积 10.08 万平方米,建筑总面积 13.98 万平方米,设计座位 3.3 万个,是能够满足国际 A 级比赛的专业足球场。

浦东足球场的造型概念来自中国的传统瓷器。白色屋顶靠近足球场内场部分,通过半透明材料包裹,能让更多阳光透射进球场内部,保证草皮有充足的日照。2018 年 4 月 28 日,浦东足球场开工建设。2020 年 8 月 25 日,浦东足球场完成最后一块膜结构吊装。9 月 15 日,球场阶段性交付。10 月 28 日,上海浦东足球场运营管理有限公司与上海汽车集团股份有限公司举行冠名签约仪式。10 月 31 日,2020 英雄联盟全球总决赛(S10)冠亚军决赛在上海浦东足球场举行。

浦东足球场不仅是举办大型比赛的足球竞技中心,也是市民健身、休闲、娱乐的重要场所。

242. 川沙足球悲喜剧

要谈浦东足球,必须从川沙足球说起。

1983 年的 4 月 1 日的川沙城,西日本 OB 足球联盟第四次访华团一行来到川沙比赛的消息,早就像春风一样迅速传遍城内的大街小巷。午饭后,人们陆陆续续前往位于北门的川沙体育场。来得太早了,体育场的大铁门紧紧地关闭着。不多一会儿,球迷们里三层外三层地将大门死死围住。

大门一打开,人们像决堤的洪水一般向体育场看台涌去,大家都想占据观战的最好位置。不料惨祸就此发生。前推后拥的人潮中有人踩掉了鞋子,有人倒地不起,大声呼救,可惜喧哗淹没了生命的呼唤。前倒后踏的结果,最终酿成 2 人死亡、3 人重伤的悲剧。事后在体育场大门口捡到的鞋袜,整整装满两大筐。

足球毕竟给川沙人带来了更多的快乐与激情。1943 年,川沙城内成立"铁沙运动队",后来改名为"黑队"。1947 年,川沙城内又成立了"小黑队"。那一年,以职工为主组成的川沙混合足球队,迎战上海龙杰队。结果川沙混合队以 4 比 2 战胜龙杰队。那时的龙杰队在上海滩赫赫有名,曾经获得过上海市小型足球比赛冠军。

新中国成立后,川沙保持足球传统,掀起足球运动高潮。1950 年代,可以说是川沙足球美好的春天。1951 年,诸富根、王玉明、孙妙福、张林生入选江苏省松江专区足球队,参加了苏南区足球选拔赛。1952 年,王玉明、张林生入选苏南区足球队参加华东区足球选拔赛。1958 年,川沙镇金兰生、徐超雄、陆和弟和北蔡镇严仍超四人入选苏州专区足球队,参加江苏省第四届运动会足球比赛获亚军。

243. 浦东足球多坎坷

1995 年 2 月 11 日,由民营企业富豪集团发起成立上海浦东新区足球俱乐部,同时建立浦东足球队(简称浦东队)。当年,浦东队参加全国足球乙级联赛,获得冠军后晋升全国足球甲级队 B 组联赛(简称甲 B 联赛)。浦东队主教练为原上海队教练王后军,主场设在有"足球之乡"称号的川沙镇川沙体育场。

1996 年,浦东队参加甲 B 联赛,名列第九名;参加全国足协杯赛进入八强,成为进入 8 强的唯一一支甲 B 足球队,获得中国足协颁发的"黑马奖"。1996 年底,浦东队转由上海金桥(集团)有限公司管理。

1997年,浦东队在甲B联赛中名列第十。1998年1月,由上海金桥(集团)有限公司、上海市足球发展总公司、上海有线电视台、上海东方明珠股份有限公司、上海体育场有限公司共同发起组建的上海浦东足球俱乐部有限公司挂牌成立。同年,浦东队与掉入乙级队的上海航星队合并组成浦东惠而浦队,并取得甲B联赛第四名的历史最好成绩。

2000年2月1日,浦东足球俱乐部与新冠名商签定转让协议,浦东队冠名为"浦东联洋8818队",并由曾经担任中国国奥队主教练的国际足联讲师英国人霍顿任教。是年浦东队甲B联赛主场设于源深体育中心。10月,浦东足球俱乐部全部股权(3 000万元)被上海中远置业和上海汇丽集团等4家公司共同收购,更名为上海中远汇丽足球俱乐部。

2004年初,原浦东足球俱乐部出资人卫平在珠海收购原大连实德俱乐部二队的珠海安平队,冠名珠海中邦足球队,参加2004年的中甲联赛。2005年,中邦队回归上海,冠名上海浦东中邦足球队征战中超联赛。2006年,浦东中邦队被朱骏收购更名为上海联城队,而朱骏旗下的原中甲球队上海九城俱乐部球队2008年赛季又易主给上海中邦集团。2009年,中邦足球队将主场迁回源深体育中心,再次使用浦东中邦队名称。

时过境迁,今天,在中国足球中超和中甲的联赛中,再也见不到冠名"浦东"的足球队。

244. 高桥海滨大浴场

1920年,上海市政府动议在高桥长江口筹建高桥海滨浴场。1922年7月建成启用。浴场配备更衣室、休息处、冷饮供应点,救生艇等设施设备。1935年起,由兴业信托社和市轮渡公司联合经营,开辟自上海外滩直达浴场的水陆联运线路,并增建绿色琉璃瓦门楼,两侧各置美人鱼雕像。进口处建近 50 步水泥台级,两旁挖有池塘,专供游客垂钓。浴场附设旅馆、饭店、酒吧、舞厅等生活娱乐设施。1937 年毁于战火。

1958 年,上海市总工会和市体委另在高东乡徐家路滩竹园大队因陋就简复建高桥海滨浴场。1963 年遭遇第七号台风破坏而关闭。1984年,川沙县政府决定在原海滨浴场(1922 年)处重建高桥浴场,水陆面积 62.67 公顷,第一期投资 500 万元。重建工程包括拓宽高桥镇至海滨段(浴场)公路,建造下水台阶 6 座及其他安全设施。附属设施有 2 640平方米饭店、7 500 平方米停车场和自行车停车棚、200 平方米商店、2 000 平方米更衣室和物品寄存处,并配备 3 条救生艇、20 条救生船和近 80 人的救生员队伍。1985 年 6 月,浴场建成开放。1990 年代初因建设外高桥港区而关闭拆除。

第八辑　文化生活

码头号子
江南丝竹
浦东说书
余音绕梁逾三日

世界博览会
迪士尼乐园
浦东图书馆
开启智慧新生活

245. 上海世界博览会

2010 年上海世界博览会园区位于南浦大桥至卢浦大桥以西的黄浦江两岸,园区面积 5.28 平方公里,其中浦东 3.93 平方公里,占总面积的 74.43%。

整个园区按功能划分为 A、B、C、D 四个区域,其中 A、B、C 区域位于浦东。世博会永久性建筑世博轴、中国馆、主题馆、世博中心、文化中心建于浦东。上海世博会主题：城市让生活更美好。2010 年 5 月 1 日开园,10 月 31 日闭园。有 189 个国家,57 个国际组织参与。在 184 天中,有 7 308.44 万人次入园参观。其中 10 月 16 日这一天,世博会入园参观者达到 103.27 万人,创世博会一天入园人数历史纪录。

246. 浦东周报十三年

1994 年 4 月 18 日,由浦东新区管委会办公室主办的四开四版内部报纸《浦东通讯》创刊,发行量 7 000 余份,每逢周四出版。编辑部设于浦东大道 141 号。1995 年,由区宣传部主管该报,发行量增至 1.4 万余份,同年 10 月,编辑部迁至即墨路 97 号 2 号楼办公。

1996 年 1 月 4 日,《浦东通讯》改名《浦东新区周报》,发行量达到 2.4 万份。1997 年该报确定"党报性质,晚报风格"办报方针,每月有两期并增加 4 版,发行量增至 5.6 万份,编辑部人员由 4 人增至 6 人。1998 年 6 月,周报印务中心启用,7 月该报彩色印刷,发行量 7 万份。2000 年 3 月,编辑部迁到源深体育中心北区 5 楼。5 月,再次扩版,每月刊出两期 12 版、两期 8 版。2000 年 8 月 4 日至 7 日,首次以日报形式连续出版,报道区首届人民代表大会和政协会议。2001 年,浦东新区报刊社成立,该报为其下属单位,明确以"都市市民报"为办报方向。2002 年初,全面改版,明确"关注发展,关注民生"办报方向,版面从每月 40 版扩至 72 版,增加人才、楼市、休闲、校园四大服务性版面,并每期出版英文版。2003 年,该报由周四一期改为周二、周五两期。2005 年 4 月起,每月中旬推出一期"中英文双语版"。2007 年,编辑部迁至丁香路 716 号 B 楼。

2008 年 11 月,创办十三年《浦东周报》因《浦东时报》创刊发行而停刊。

247. 时报发行至全国

2008 年 5 月,浦东新区宣传部与《解放日报》社等单位协商,启动筹办《浦东时报》。7 月,国家新闻出版总署批准《浦东时报》出版发行。经三期试刊,11 月 11 日创刊。

该报由解放日报报业集团主管主办,系一份立足浦东、面向全国的经济类报纸,设要闻、财经、产经、聚集、科技、文化、民生、热线、前沿、声音、社区等版面,特设浦东民政、浦东环境、浦东文化、浦东物流、人力资源、社会保障、人文周刊、生活周刊等专版和副刊。每周 2 期,周二、周五出版,向国内外公开发行。后改为周一至周五出版,每周 5 期。

248. 浦东开发杂志社

1992 年 1 月,由上海市人民政府浦东开发办公室主办的《浦东开发》杂志创刊,面向全国公开发行,为立足浦东开发开放和建设发展的月刊,后成立浦东开发杂志社。

《浦东开发》主要栏目有一月要闻、重要新闻分析、最新政策法规、热点问题讨论、每月财经动态等。2002 年全面改版,以阐述经济理论、解析经济动态、推介经营理念、传递经济信息为主要内容,并注重可读性。

2004 年,因国家新闻出版总署全面整顿期刊,改为内部出版发行,由新区政府新闻办公室主管。杂志内容由财经类转向综合性,开设栏目主要有特别策划、财经视点、发展论坛、都市广角、文化浦东、社区风貌、人物故事、热点评述、综合改革等。

249. 浦东年鉴连年出

1993 年 12 月 10 日,上海市浦东新区年鉴编辑部成立。1994 年 9 月末,一年一刊的《浦东新区年鉴》创刊发行。

1999 年 1 月,经国家新闻出版总署核准,获得《浦东年鉴》期刊号(核准时,《浦东新区年鉴》改名为《浦东年鉴》)。至 2020 年《浦东年鉴》共出版 27 期(册)。

《浦东年鉴》全面记录浦东开发开放进程,设置概况、开发区、金融业、要素市场、招商引资、国内贸易、对外贸易、农业、工业、城乡建设、科学技术、文化艺术、教育、医疗卫生等 40 余个栏目,每册字数在 120 万字左右。《浦东年鉴》在全国年鉴质量评比中多次获得"中国年鉴特等奖"等荣誉。

250. 新中国首部县志

1990 年 11 月,新中国第一部浦东地区县志——《川沙县志》,历经

8 年编修,由上海人民出版社出版发行。该志 143 余万字,以文字为主,辅以图片、表格、摘录等形式,主要收录了自 1810 年川沙抚民厅成立至 1985 年川沙县政治、经济、社会、文化、人物的发展演变历程,重点记述了新中国时期川沙地区各项事业的发生、发展和现状。

在全国志书质量评比中,《川沙县志》获得一等奖。《川沙县志》是研究浦东地区历史演变的最重要的一部著述。

251. 一区地名汇一志

《上海市浦东新区地名志》集浦东新区地名之大成(未包括南汇县),由浦东新区地方志办公室副编审顾炳权主编。从 1992 年 11 月开始编纂,1993 年 10 月定稿付印,1994 年底由华东理工大学出版社出版发行。

全书 152.2 万字,印数 5 000 册,分为地名大事记、建置沿革、群体地名、政区地名、聚落地名、交通地名、水域地名、经济地名、文化地名和地名文献等栏目,收录了浦东新区范围内 6 700 多个地名及其历史沿革。

《上海市浦东新区地名志》是浦东第一部地名文献,是在开展地名普查的基础上编纂而成,因此内容丰富、资料翔实。收录地名截止年份为 1991 年,因此保留了浦东开发开放前的绝大部分地名,是研究浦东开发开放和区域地情变迁的十分重要的工具书。

252. 浦东开发开放录

《浦东开发开放录》由上海浦东历史研究中心、上海市浦东新区地方志办公室编纂,主撰潘建龙,编审柴志光。此书以客观事实为依据,以浦东开发开放为主线,以重大事件(事物)为聚焦点,以宏观叙事与具体细节相结合的手法,全面真实地记述浦东开发开放所发生的沧桑巨变。记叙上追根溯源,详略相间,注重事物发展过程的重要节点和内在联系。行文力求平实准确,不雕琢、不夸大、不缩小。

本书最大特点:于宏观记叙中,展现事物具体而关键的节点,追寻事物的本来面貌、来龙去脉。有意识地收录了浦东开发初期"十大基础设施工程"建设的后续情况、"小陆家嘴"开发前现状、金桥出口加区首期开发地块中自然村庄分布、浦东国际机场动迁全过程,以及开发园区历史地图等。《浦东开发开放录》共计150余万字,收录图表近300幅(张),2020年12月,由上海远东出版社出版发行。

253. 5A 景区科技馆

上海科技馆位于世纪大道2000号,占地6.87万平方米,总建筑面积9.8万平方米,总投资15亿元,由美国RTKL国际建筑有限公司和上海建筑设计院设计,1998年动工,2001年12月18日正式开馆。科技馆以"自然、人、科技"为主题,设有地壳探秘、生物万象、智慧之光、视听乐园、设计师摇篮、彩虹乐园、自然博物馆7个展区和巨幕影院、球幕影院、四维影院、太空影院及会馆、旅游纪念品商场、临时展馆、多功能厅等配套设施,被评为5A级景区。

2001年10月21日上午,亚太经合组织第九次领导人非正式会议在上海科技馆举行。下午4时,江泽民与其他领导人一同步出会场,向新闻界宣读了《领导人宣言》,并合影留念。

254. 集成电路科技馆

由展讯通信(上海)有限公司创办,位于张江高科技园区祖冲之路
2288 弄展讯中心一号楼,2009 年 1 月 5 日建成对外开放。

整个科技馆由序馆和 4 个展区组成。序馆介绍从一粒粒不起眼的
沙子到一个个现代化的高科技产品所经历的神奇而复杂的演变过程。
"集成电路发展历史"展区,介绍集成电路 50 多年的发展历程、产业链
分布和规模以及有代表性的十件大事。"无处不在的集成电路"展
区,介绍集成电路在生活中常见的具体应用。"集成电路与数字生
活"展区,分 4 个板块展示,由"集成电路与智慧城市""智慧社区"
"智能家庭体验区""集成电路与移动通信"组成。"未来的集成电路
发展"展区,从集成电路产业、设计工具与设计方法、制造工艺与相关
设备、测试技术、封装技术、材料等方面的发展趋势,畅想展示未来的
集成电路愿景。

展馆图文并茂,共计 78 个图示、160 个实物样品、10 个模型、7 个模
拟装置和多媒体演示、22 段影像、1 部虚拟现实影片、18 个互动游戏。
在展区二的"科普影院"可用于观看科普影片,举办竞赛、夏令营、讲
座等。

255. 东艺中心蝴蝶兰

东方艺术中心位于丁香路 425 号,是上海标志性文化设施之一,由
法国著名建筑师保罗·安德鲁和华东建筑设计院设计。东方艺术中心
占地 2.36 万平方米,建筑面积 4 万平方米,总投资 10.97 亿元。2002 年

3月26日,东方艺术中心项目开工建设,2004年12月31日竣工并对外试营业。

从高处俯瞰,东方艺术中心建筑由5个半球体组成,依次为正厅入口、东方演奏厅、东方音乐厅、东方歌剧厅和展览厅。整个建筑外形宛若一朵硕大的"蝴蝶兰",共设座位3 306个,其中东方音乐厅1 953个,东方歌剧厅1 020个,东方演奏厅333个。

256. 浦东文献展览馆

浦东展览馆位于迎春路520号,曾名浦东文献中心,占地面积2.81万平方米,建筑面积4.52万平方米,由1幢4层主楼(展示厅)和1幢10层办公楼组成,整个建筑外观呈方形。

浦东展览馆由浦东新区政府投资4.74亿元兴建,德国GMP公司设计。2002年11月30日动工,2005年4月基本建成试运行。首个展览项目——浦东开发开放十五周年成果展,于2005年4月18日在此展出。

2006年3月,正式竣工启用。馆内设常年展览——浦东开发开放主题展和浦东记忆历史档案展。

257. 浦东新区图书馆

2001年4月22日,浦东新区图书馆建成开放,地址迎春路324号。馆高4层,建筑面积9 300平方米,内设中外文图书、报刊等阅览室12个,阅览座位1 200个。至2008年末,馆内共计藏书41.63万册,中文报刊2 960余种,外文报刊202种。

2007 年 9 月,在前程路 88 号开工建设浦东新区图书馆新馆。新馆占地 1.05 万平方米,建筑面积 6.09 万平方米,总投资 8.5 亿元。2010年 6 月 18 日建成试开放,同年 10 月 18 日正式启用(迎春路馆移作他用)。新馆能容纳 250 万册藏书,设读者座位 3 000 个,日接待读者能力8 000 人次。新馆地下夹层以坡道直通室外,夹层顶高于室外地平,从而获得明亮通透的地上层效果。一层和二层以公共服务与学术交流空间为主。三层和四层以普通文献借阅区为主,并以大台阶、坡道、书架组成跨越三、四层的独特的"书山"空间。六层整体悬吊犹如"浮云",设计了音像阅览和数字化阅览部以及内部办公区域。置身中庭,眼前是两间种有花草的庭院和两座横跨南北大楼的栈桥,以及从采光屋顶悬挂至第五层的两个 100 平方米的"空中花园"。读者可以经过"空中花园"的廊道,自由穿行于馆中。

清晨等待进入世博园区参观的人群

位于丁香路上的上海东方艺术中心(2005年)

位于前程路上的浦东图书馆新馆(2010年)

位于世纪广场与杨高中路环岛的东方之光雕塑(2014年)

258. 上海海洋水族馆

上海海洋水族馆位于陆家嘴环路 1388 号,2001 年 11 月竣工。

水族馆让游人从"长江"出发,经过"亚马逊丛林",来到南美洲区的"电鳗"池畔,与澳洲"锯鳐、射水鱼"隔水相望;在缤纷的东南亚展区流连后,再到"极地"与企鹅一起领略冰天雪地,或者欣赏镇馆之宝——草海龙的风姿,惊叹"梦幻水母"的曼妙身影,而后穿越惊险的"鲨鱼海湾",在 155 米的海底隧道领略多种不同风情的海底生物和景观,从而经历一次穿越五大洲四大洋的"海洋之旅"。

水族馆展示海洋生物种类 450 多种,鱼类超过 1.2 万尾,为国家 AAAA 级旅游景区。

259. 东方之光跨世纪

东方之光雕塑位于世纪大道与杨高路交会处环岛中,2000 年建成,作者仲松。

作品以日晷为原形,用不锈钢管构成错综精致的网架结构,垂直高度达 20 米,令人联想到遥远的历史。椭圆的晷盘又象征地球,晷针穿过的中点代表中国,指向正北方位,具有计时功能,是现代建筑语言和高科技语言的完美结合。东方之光表现一天的时间变化,以此突出跨世纪的主题。

260. 世纪辰光源沙漏

世纪辰光雕塑位于世纪大道、南泉北路交会处,2000 年建成,作者陈逸飞。

世纪辰光引进了现代动感雕塑的概念,以中国古代计时器"沙漏"为原形,9 根立柱分别为世纪柱、年代柱、年柱、干支柱、月柱、星期柱、数"九"柱、地支柱、时辰柱。9 根立柱高低不一,按抛物线构成的偏圆心行星轨迹,布置在直径 22 米范围内。9 根立柱都做成沙漏,平均每隔 2 天至 5 天在沙漏完后,底下的电动泵就会把沙子重新输入沙漏。

261. 一虚一实寓高科

柱石雕塑位于张江高科技园区内的龙东大道与金科路交会处。

作品由一根石柱和一根不锈钢镂空柱组成。石柱高 13.2 米,不锈钢柱高 16.5 米。雕塑以浦东的拼音字首 PD 为外形构造,柱体紧密呼应,一虚一实,意寓基础理论与应用技术的完美结合,体现张江高科技园区的高科技定位和浦东开发的巨大推动力。

262. 诚信象征塑签名

签名雕塑位于张江高科技园区西部碧波路旁的诺贝尔湖畔西北侧,2002 年落成,系美国哥伦比亚大学教育学博士麦纳利的中国书法系列雕塑作品,长 12 米、高 6 米,重约 6 吨。创作灵感来源于中国书法草书中的"信"字,意蕴"签名"是个人诚信和信用的象征。

263. 主题乐园迪士尼

迪士尼乐园位于浦东川沙镇西南部,占地 3.9 平方公里,总投资 245 亿元,由上海申迪集团有限公司建设。

2011 年 4 月 8 日开工,2016 年 6 月 16 日建成开园,是中国大陆第一个、亚洲第三个、世界第六个迪士尼主题公园。开园时拥有米奇大街、奇想花园、探险岛、宝藏湾、明日世界、梦幻世界 6 个主题园区和多个全球首发游乐项目。附属配套设施有上海迪士尼乐园酒店、玩具总动员酒店、地铁 11 号线迪士尼站、迪士尼小镇,以及星愿公园、星愿湖等。2018 年新增第七主题园区——玩具总动员主题园。

264. 闻天故居国之重

张闻天故居建于清代咸丰末年,位于祝桥镇邓三村张家宅。1900年8月30日,张闻天在此出生。故居坐北朝南,为一正两厢砖木结构的三合院民居。1980年代初,故居因地势低洼,年久失修,损坏严重。1986年,陈云为张闻天故居书额。1989年2月,上海市文物管理委员会拨款维修。修缮工程保持原貌不走样,并铺设下水道、增设篱笆墙、修建通道和一些附属设施。修复后的故居占地面积686平方米,建筑面积495平方米,共有房屋13间。1990年,增建附属用房和开辟"张闻天革命史迹陈列室"。共青团川沙县委敬立张闻天半身塑像一座。1990年,张闻天故居建筑938平方米,保护范围面积4 302平方米。

位于川沙新镇的上海迪士尼乐园(2020年)

全国重点文物保护单位张闻天故居（2018 年）

世纪广场绿地（2014 年）

2008 年 8 月,新区政府出资在故居西侧建成张闻天生平陈列馆,建筑面积 1 347 平方米,展出面积 980 平方米。陈列馆分为诞生求学、投身新文化运动、踏上革命道路、在总书记岗位上、在六届六中全会后、去东北开拓、外事工作岁月、逆境中求索、狂澜中升华、追思与遗产十大部分。展出的 300 多幅图照,生动形象地展示了张闻天波澜起伏的一生。原中共中央政治局常委宋平题额"张闻天生平陈列馆"。

　　1988 年,张闻天故居列为上海市文物保护单位。2001 年 6 月,国务院公布张闻天故居为全国重点文物保护单位。

世纪公园(2014 年)

265. 码头号子搬运工

　　码头搬运号子是码头工人在劳动中呼唱的具有节奏韵律,并历经百年流传下来的一种劳动歌声。

　　码头搬运号子因搬运物件不同、装卸环境不同以及参与人数不同而各异,有苏北帮、湖北帮、上海帮、山东帮、宁波帮等号子之分,其中,以"苏北号子"和"湖北号子"最为普遍。码头号子分为四大类九个品种,包括《搭肩号子》《肩运号子》《堆装号子》《扛棒号子》《单抬号子》

《挑担号子》《起重号子》《摇车号子》《拖车号子》。号子节奏指挥大家统一步伐、协调动作，是一种艺术化的劳动指挥号令。号子节奏与劳动节奏完全契合，歌者均为男性，"领""和"结合，音区宽广、嘹亮，多高音区，尽显阳刚之美。旋律是以五声音阶为主的民族调式，律动单位长度适中，有强烈的节拍感，强音突出，效果强烈；力度的大小和速度的快慢，提示着动作的上下、前进的方向、搬运的路线及货物的标记和堆装等。1949年后，上海港码头搬运逐渐被机械所替代，码头号子渐渐消失。

2008年，上海港码头搬运号子被列入国家级非物质文化遗产名录，保护单位为浦东塘桥街道文化服务中心，传承人有程年宛、韩纬国。

266. 国家非遗浦东书

浦东说书起源于浦东，分布于川沙、南汇、奉贤、金山、松江、青浦等区域，曾流传到浙江平湖、嘉兴等地，是极具上海乡土特色的地方曲艺。

浦东说书以浦东方言表演，亦称沪书、农民书，因单手击打钹子又称钹子书、唱单片和敲刮子。浦东说书最初与宣传佛教的因果教义有关，故始称"说因果"或"因果书"。浦东说书吸收了浦东山歌、田歌、盐歌、渔歌，再结合源于佛教歌曲的莲花落，逐渐变成摆脱"梵呗"的"因果调"。清光绪年间的《图画日报》曾载有"说因果画"，并题打油诗："手敲小钹说因果，口唱还将手势做，多人环听笑眯眯，只为乡音说得真清楚。"可见当时浦东说书十分兴盛。

浦东说书艺人大多半农半艺，逢庙会、节庆时演出频繁。一般为单人坐唱，演员手拿钹子，身着长衫，演出开始用竹筷敲钹子唱四句诗词，再唱开篇，后说长篇正本。长篇以说为主，以唱为辅。敲钹子打出许多花样，以渲染气氛。曲调节奏明快，有长调、慢调、急调、哭调等。书目大多以讲历史、侠义、公案及灵怪为主要内容。1949年以后，浦东说书出现双档、多个档、小组唱和表演唱。

浦东说书《养猪阿奶》《卖鸡》于 1975 年和 1976 年两次参加全国曲艺调演。2008 年,浦东说书被列入国家级非物质文化遗产名录。保护单位为北蔡镇文广服务中心。传承人有陈建纬、眭朝晖。北蔡镇设立浦东说书陈列馆。北蔡镇中心小学建立浦东说书传承基地。

267．三林舞龙竞技艺

在明代,三林地区已有舞龙活动,后逐渐盛行,成为传统节庆活动的重要部分。

1949 年以前,三林地区舞龙大多为民间自娱性质,以村宅、行帮、宗族等组队形式参加灯会、庙会、行街巡游等活动。此后,三林舞龙由行街表演逐渐转向广场表演,由自娱转向专业性,由随意性转向规范化,并且与狮舞、云排舞、鼓舞等其他民间舞蹈相结合,从而提高了三林舞龙的艺术水平与观赏价值。三林舞龙大致可归纳为"游龙""八字舞龙""穿越腾越""龙翻滚""组图造型"五大类。三林舞龙将舞蹈艺术的优美肢体语言、戏曲的步法亮相、武术的精气神韵、技巧的腾跃翻滚融入舞龙之中,形成"海派舞龙"特色。

2010 年,三林舞龙竞技被列入国家级非物质文化遗产名录,保护单位为三林镇文广服务中心,传承人陆大杰。

268．三林刺绣技艺精

三林刺绣技艺发端于宋元,成熟于清代,鼎盛于 20 世纪二三十年代和七八十年代。

三林刺绣古称"筘绣",是一种用针和彩线,按设计的图案在纺织面料上上下穿插运针,构成各种图案的传统民间手工技艺。以线细、针密、针法多样、色彩丰富、精制细腻而著称,其独特的"抽、拉、雕"技艺更是一绝。"抽",是在丝绸上抽掉几根丝,形成一定的几何图案;"拉",是用针线将丝拉成各式各样的花纹图案;"雕",用剪刀剪掉平面上一些部位,再"雕"成镂空的立体图案。2007年,三林刺绣列入上海市非物质文化遗产名录。保护单位为三林镇文广服务中心。传承人有康美莉。

269. 太平天国烈士墓

太平天国烈士墓位于高桥镇屯粮巷村。1862年1月21日,太平军主将吉庆元率兵进驻高桥,与清兵及英法侵略军激战。150余名太平军战士牺牲,埋葬于屯粮巷,俗称为"长毛坟"。

1954年,在此修建坟墓并立石碑纪念。墓地占地150多平方米,1959年列为上海市文物保护单位。1989年,川沙县政府出资重修并扩建,建造了纪念碑亭与保护用房,占地面积增加至400多平方米。

270. 高桥松饼一捏酥

清末,高桥镇内赵小其之妻所做之饼,小巧可口,又松又脆,入口即化。后赵家败落,为谋生计,赵妻将自制的这种饼卖于茶坊烟铺,深受食客欢迎,称之"松饼"。1925年,高桥镇张家弄妇女黄金娣以家庭小作坊方式生产松饼,供镇上店铺销售。因其所制松饼皮薄、层多、馅足、酥松、香糯而声名鹊起。1931年,黄金娣丈夫周百川在北街开设"周正记"松饼店。之后镇上又有多家松饼店相继开出,最盛时期全镇有松饼店铺 18 家。

高桥松饼在 1950 年代成为上海市名牌产品,其制作工艺收入《全国食品科技制作方案》一书。1983 年被评为上海市优质产品。1985 年被国家商业部评为全国食品优质产品,并被列入《中国传统食品大全》分册《上海传统食品》。2007 年,高桥松饼制作技艺列入上海市非物质文化遗产名录。保护单位是高桥镇文广服务中心。传承人有张玲凤、顾玉英、秦永年、凌惠娟。

271. 海派绒绣源高桥

高桥海派绒绣源于意大利,流行于欧洲。1840 年后,徐家汇天主教堂修女在上海郊区农村传授绒绣技艺,以此扩大宗教影响,绒绣由此传入上海。之后有外商收购修女绒绣产品出口,从业绒绣者逐渐增多。

浦东是绒绣、花边业的主要加工地区。诸多绒绣艺人技艺高超,逐渐形成海派绒绣制作工艺。1943 年,刘佩珍运用绒绣拼色工艺创作人物肖像,开中国绒绣之先河,标志着绒绣艺术欣赏品和日用工艺品开始分流。1970 年代,创新出双面绒绣工艺。海派绒绣在绒绣工艺品的形、神、色、光上达到较高艺术水平。2009 年,海派绒绣被列入上海市非物质文化遗产名录。保护单位为高桥镇文广服务中心、洋泾街道社区文化活动中心。传承人有唐明敏、包炎晖、范碧云、许玉红、徐德琴、金雯、汪振男、叶丽萍。

272. 江南丝竹余音绕

江南丝竹是流行于江南地区丝竹音乐的统称,因乐队主要由竹制乐器组成,故名。

浦东地区江南丝竹盛行,在婚喜、庙会等场合多有丝竹乐队演奏。这种称作"彩客班""清音班"的丝竹乐队所奏曲目一般有《月落》《柳青娘》《进行曲》《老六板》《一点金》《中花六板》《四合如意》《走马》《旱天雷》《步步高》《浦东欢乐》《浦东行街》《梅花三六》《上鹊桥》等。著名乐队有创建于1910年前后的"洋泾国乐社"和1941年的川沙"铁沙国乐会"。2009年,洋泾国乐社和铁沙国乐会演奏的江南丝竹被列入上海市非物质文化遗产名录。保护单位为川沙新镇文广服务中心、洋泾街道社区文化活动中心,传承人有俞华康、唐文德、沈惠君、王森林、杨月祥、陈大志、陆正鑫、瞿连根。

273. 琵琶艺术浦东派

浦东派琵琶艺术创始人为清乾隆、嘉庆年间的惠南镇人鞠士林,初传鞠茂堂,再传陈子敬、程春塘,三传倪清泉、曹静楼,四传沈浩初、汪昱庭,五传林石城等。宗师鞠士林所弹奏的《灯月交辉》为浦东派名曲。第三代传人陈子敬尤工《埋伏》《霸王卸甲》《落雁》诸曲,其师弟程春塘擅长《平沙落雁》《夕阳萧鼓》。第四代传人沈浩初著有《元人乐府集注》16册。1983年,汇集他一生探索和研究的《养正轩琵琶谱》,由人民音乐出版社出版五线谱本。第五代传人林石城被誉为当代琵琶泰斗,受聘中央音乐学院,开设江南丝竹音乐课。

浦东派琵琶在南汇地区十分普及。1990年代,南汇文化馆创建少儿琵琶演奏班。2001年南汇桃花节时,林石城率领南汇"三代"琵琶手登台献艺,赢得满堂喝彩。其时,在南汇的各类江南丝竹班子中,均有几名琵琶演奏者,可谓后继有人,因此被誉为浦东派琵琶的发祥地。

浦东派琵琶的主要艺术特征:演奏武曲气势雄伟、演奏文曲沉静细腻。弹奏武曲,往往运用大琵琶,讲究开弓饱满、力度强烈,保存和发展了一些富有海派特色的演奏方法。

浦东派琵琶演奏的曲目已经成为中国民间音乐经典,其中文套有《夕阳萧鼓》《武林逸韵》《月儿高》《陈隋》《普庵咒》《阳春白雪》《灯月交辉》,武套有《将军令》《十面埋伏》《霸王卸甲》《平沙落雁》。

2008 年,浦东派琵琶艺术被列入第二批国家级非物质文化遗产名录。

274. 世纪广场现代风

世纪广场位于世纪大道南端、世纪公园北边,处于杨高中路、东方艺术中心、浦东新区办公中心、上海科技馆的合围之中。

广场设计融合中西文化元素,古典与现代结合,兼具园林与交通功能,占地面积 20 万平方米,呈对称分布。景观主要以雕塑、草坪、树林、花坛、水池为主,集东西方文化神韵于一体,极具现代气派。广场整体由一个周长 800 米的长方体广场和下沉式广场,包括 200 米见方的中心广场与 90 米见方水池、两座 180 度玻璃拱形建筑(轨道交通 2 号线科技馆站),以及一条通往世纪公园的景观大道组成。景观道路两旁设置溪流木桥、石板小径,种植红枫绿松、四季花卉。

2000 年 5 月 1 日,世纪广场建成开放。

275. 中西合璧世纪园

世纪公园位于花木地区,是上海中心城区最大的现代生态型城市公园,占地 140.3 公顷,总投资 10 亿元。

世纪公园设计体现东西方园林艺术精髓和人与自然相互融合理念,以大面积草坪、森林、湖泊(镜天湖)为主体,建有乡土田园区、湖滨观景区、疏林草坪区、鸟类保护区、风景林区、异国园区等区域。种植各类植物 300 余种,可观测到鸟类 100 余种。天然河道张家浜穿越园区,架设"云帆桥"等桥梁 11 座。公园对外出入口 8 个,其中 1 号门正对世纪大道(南道)。2000 年 4 月 18 日建成开放。

在此先后举办第三届中国国际园林花卉博览会、中国菊花展和上海国际音乐烟花节。每年三月梅花盛开时节,成为沪上居民踏春赏梅胜地。

276. 园林花卉博览会

2000 年 9 月 23 日至 10 月 22 日,以"绿都花海——人、城市、自然"为主题的第三届中国国际园林花卉博览会在世纪公园举办。由面积 6 800 平方米的"世纪之光"花坛群,烘托本届花博会会标"CYB"。花博会以栽播和植物造景为主,分 6 大景区和 80 个景点,总计用花 120 万盆,各类奇花异草 200 余种 500 多个品种。

花博会期间,平均每隔 4—5 天调换一次花卉,累计调换凋谢、枯萎花卉约 10 万盆,植补草坪近 2 万平方米。会期,从海南空运彩蝶 1.5 万只放飞,组织花车巡游和 37 场文艺专场演出,举办"花木杯"学生征文大赛以及摄影大赛、龙舟赛;评出金、银、铜奖和特别奖、优秀奖 318 个。入园参观 150 多万人次,其中 10 月 3 日入园 22.6 万人,成为上海各公园日游园人数之最。

花博会由国家建设部和上海市人民政府主办,市园林绿化管理局和浦东新区人民政府承办。采取市场运作方式,由市园林绿化管理局、新区环保市容局、浦东土地(控股)公司三方筹措资金 200 万元办展,取得了良好的社会、环境和经济效益。

277. 滨江公园原生态

滨江森林公园位于黄浦江与长江口交汇处的浦东三岔港地区,占地所属为 1950 年代围垦而建的苗圃。公园规划建设分两期。一期工程占地 127 公顷,2007 年 3 月 28 日建成开放。

滨江公园分为特色植物观赏区、生态林保护区、湿生植物观赏区、果园观赏区、滨江岸线观景区等区域。公园建设突出"自然、生态、野趣"和"保护、创新、发展"主题,顺应回归自然理念,利用原苗圃地理位置的优越性和植物资源的丰富性,通过原有地形地貌、河流植被、林带保护,体现出自然化、生态化、人性化特征。

原生态和江海合流是滨江森林公园最显著的特点。

滨江森林公园原生态河道(2010 年)

浦东名刹小普陀(2021年)

278. 上海野生动物园

上海野生动物园位于南六公路 178 号,是上海市人民政府和国家林业局合作建设的中国首座国家级野生动物园,占地 153 公顷,1995 年 11 月 18 日建成对外开放。2007 年 5 月 8 日,被批准为 5A 级旅游景区。

园内饲养有大熊猫、金丝猴、金毛羚牛、朱鹮、长颈鹿、斑马、羚羊、白犀牛、猎豹等国内外珍稀野生动物 200 余种类,合计上万余只。整个园区分为步行游览区和车行观赏区两大区域。在步行游览区有火烈鸟区、袋鼠坡、羚牛馆、长颈鹿馆、大熊猫馆、河马馆、非洲象展区、亚洲象互动体验区、斑马苑、长臂猿馆、狮虎兽馆、黑猩猩馆、金丝猴岛、鳄鱼岛、红猩猩馆、浣熊展区、水禽湖、企鹅馆等。车行观赏区分为食草动物展区、猎豹区、狮区、熊区、东北虎区、白虎区、狼区、马来熊区等区域。

279. 合庆郊野建公园

2021年1月1日,合庆郊野公园一期1.67平方公里景观工程竣工,对外试开放。

合庆郊野公园总体规划面积13.5平方公里,景观结构规划以"一轴、一带、三片区、两核心、多节点"的形式展开。

"一轴"为景观主轴,呈南北走向,与整个合庆郊野公园的纵轴相接,连接锦绣东路与奚阳路,两核心便由这一主轴串联。

"一带"为张家浜水带,建设两岸景观,向东直至东海,形成东西向地理上及景观上双重的绿化带。

"三片区"分别为森林、农田、果园。三片区由一轴一带分隔开,由自然基底用地现状所决定,并形成各具特色的节点。

"两核心"分别为美丽乡村文创核、果园观赏产业发展核,南北呼应,成为主轴上两大亮点。

"多节点"包括田园驿站、农业科普主题园、森林氧吧、田园客厅、地杰农庄、火龙果园以及勤奋村公园,共7个节点,分布在主轴两侧,成为除核心景点外的重要景点,并提供活动及观景停驻点。

280. 一镇建设一公园

为美化农村集镇环境,为集镇居民提供一个休闲、健身场所,1997年起,浦东农村地区实施"一镇一园"和休闲绿地建设工程。是年,共有18个"一镇一园"项目启动建设。"一镇一园"项目面积一般在5 000平方米左右,选址一般在集镇规划区域内。设计以植物造景为主,种植各类花草、乔灌木。

1998 年末,建成孙桥的文化公园、环东广场,唐镇的街心花园,金桥的金海花园,张桥的佳虹园,顾路的阳光苑公园,龚路的绿园等,合计公园绿地总面积 7.86 万平方米,总投资 2 143 万元,其中镇自筹资金 1 768 万元。

1998 年后,又先后建成张江镇的科技文化广场、紫薇园、广兰公园,合庆镇的合庆公园、蔡路苑,川沙新镇的水景园、合园、川沙广场,唐镇的望园、金枫公园,曹路镇的龚路公园、三角绿地、庙港文化公园、民耀路绿地、民春路绿地,高行镇的牡丹园、东靖公园,高东镇的体育公园、老界河绿地、三角地绿地,北蔡镇的北蔡休闲绿地、安建中心绿地、北艾路中心绿地、五星村中心绿地、政府广场绿地、莲溪广场绿地,机场镇(后并入川沙新镇)的九星河绿地、中心花园、社区休闲中心等一批面积在 4 000 平方米以上的公园或休闲绿地。

281. 上海南汇桃花节

南汇水蜜桃名闻上海。春日桃花盛开时节,风景这边独好,于是催生了南汇桃花节。

1991 年,南汇举办首届桃花节,以后每年举办一次。1991 年、1992 年两届桃花节的运作方式主要由政府组织承办,形式比较单一,但还是引起新闻媒体的关注,吸引大批市民前来踏青赏花。

第三届桃花节,主会场移至惠南镇的城北村、周浦的沈西村、瓦屑的果园村等处。第四届桃花节经上海市人民政府批准,将“南汇桃花节”提升为“上海南汇桃花节”,成为上海旅游节庆活动知名品牌之一。办节也由政府组织运作逐渐融入市场化运作机制。桃花节内容和形式更丰富、完善,规模更大,游客量从第一届近万人次到第三届 10 万人次,以后逐年增加。并一直保持在 50 万人次左右。在桃花节活动期间,赏花景点主要有惠南镇城北桃园(南汇桃花村)、大团桃园、海滨桃园、新场桃园以及配合桃花节的其他景点和旅游设施有新场古镇、书院人家、鲜花港等。

282. 浦东名刹小普陀

小普陀寺位于原西运盐河与八灶港汇合处的西岸,今为川沙新镇湾镇村。

《光绪南汇县志》记:"太史庵俗名小普陀,在六团西,明万历四十八年(1620 年),乔蔡氏建;清乾隆二十年(1755)乔孔嘉修,咸丰末毁于兵燹;光绪十一年(1885)姚桐山重建'大雄宝殿',地产十四亩。"民国二十年前后,又重修小普陀,并在该寺东南筑洛迦山,建千手观音殿,占地共计 40 余亩,先后共建有大小殿等房屋 100 余间。

每逢农历四月初八佛祖生日,小普陀举行盛大空前的庙会,各地商贩云集,乡民游客摩肩接踵,连续数天,热闹非凡。

新中国成立之初头几年,川沙县供销社在庙会期间,举办物资交流大会。1958 年,小普陀寺被拆除。拆除的砖木运往川沙镇建造人民大会堂。2011 年 9 月,启动恢复小普陀重建工程,逐步恢复宗教活动。

283. 露德圣母天主堂

清末,德国传教士鄂劳德在唐墓桥(曹家沟东岸)建造天主教堂。因其建筑仿法国露德山教堂而名之露德圣母堂。光绪二十三年(1897年)十二月初十举行开堂祝圣典礼。

露德圣母堂是浦东地区规模最大的天主教堂,占地约 3 公顷,房基占地面积 8 550 平方米。大堂长 120 米,宽 50 米,正厅可容纳 2 000 余人。大门正中设钟楼,高 30 多米。教堂被定为"圣母月朝圣地",每年五月逢圣母朝圣月,前来朝圣信徒超过 1 万人。1968 年后,教堂被移作社办工厂厂房,教堂建筑受损严重。

1990 年启动修复工程,1992 年 10 月完工。同月举行复堂典礼。80 多位海外天主教徒、意大利驻沪总领事、法国驻沪副领事及 8 000 多位国内天主教徒出席复堂典礼。

284. 浦东名庵潮音庵

潮音庵位于曹路镇顾曹公路与海鹏路交会处,建于明景泰七年(1456 年),后历经重修增建。

潮音庵历史悠久,规模颇大。民国时期,潮音庵主殿供奉西方三圣和释迦牟尼、南海观音、地藏菩萨等佛,两旁列十八罗汉,东西两次间为禅房。东厢房供文昌、纯阳祖师,雷公、电母、施相公、刘郁膏等像。西厢房三间为客厅。

潮音庵一度停止宗教活动,成为仓库和厂房,建筑设施多有毁坏。1982 年,落实宗教政策,归还庵产,重新修缮及增加设施,规模有所扩大。今石狮守护院门、龙首居于屋脊,青瓦屋面,金粉抹墙,面貌换之一新。此庵收藏经典 200 部,为浦东佛教协会开展活动的主要场所。

285. 全国重点钦赐殿

钦赐仰殿位于源深路与钦殿街处,建于明万历年间,初名"金师娘殿",又称"东岳行宫"。

清乾隆三十五年重建后,改为现名。钦赐仰殿为浦东最具规模的道观,占地20余亩,建有主殿、大殿和附属建筑20余间。主殿供奉东岳大帝、大殿供奉玉清元始天尊、太清道德天尊、上清灵宝天尊,故又称"三清宝殿"。

20世纪六七十年代,停止宗教活动,部分建筑损毁严重。1982年重建大殿及部分附属房屋。1983年恢复宗教活动,后又经多次修缮扩建,规模非昔日可比。今日钦赐仰殿由牌楼、东岳殿、三清殿、藏经楼、仙居楼、偏殿组成。

有关钦赐仰殿建造年月,民间有着许多说法。清代秦荣光《上海县竹枝词》言:"东岳行宫在浦东,相传唐敕建兴工。信官叔宝秦建造,钦赐还称仰殿雄。"钦赐仰殿现为全国重点道观、浦东新区文物保护单位。

第九辑　人物轶事

大丈夫当殉知遇

赴缓急

功在社稷

利及桑梓

乃不虚生天壤间

负此七尺躯

——[明] 乔 镗

286. 陆深明代大学者

陆深,字子渊,号俨山,1477年出生。明弘治十四年(1501年)至应天府(今南京)乡试中第一名举人(解元)。弘治十八年会试中二甲第一名进士。任翰林院编修,因宦官刘瑾忌妒,外任南京主事。刘瑾伏法后,陆深回京官复原职。正德十三年(1518年)升国子监司业,后任祭酒、经筵讲官等职。时又因得罪权臣桂萼,降职外调,先后任山西提学副使、浙江副使、四川左布政使。嘉靖十五年(1536年)回京,任光禄卿,次年封为太常卿侍读学士,后为詹事府詹事。嘉靖十九年辞官回故里黄浦江东岸,在其旧居"后乐园"修建"后乐堂""澄怀阁""小沧浪""俨山精舍"等建筑。今"花园石桥"一带即其遗址,"花园石桥"之名也由此得。

陆深颇具文名,其书札富于明人小品神韵,著作有《俨山集》《俨山外集》等多种。楷、行、草书皆擅长。

1544年陆深去世,明廷追赠礼部右侍郎,赐谥"文裕",敕葬于黄浦江东岸陆家嘴(原海兴路56弄—162弄之间),今"陆家嘴"之名与陆氏居此有关。

287. 抗倭英雄乔春山

明朝嘉靖年间,倭寇骚扰我国东南沿海。所到之处,烧杀掳掠,民不聊生。乡绅乔镗(字春山)面对倭寇恶行,慷慨激昂:"大丈夫当殉知遇,赴缓急,功在社稷,利及桑梓,乃不虚生天壤间,负此七尺躯;若硁硁然自托绳墨而毫无益于成败之数,直曹蜍李志耳。"乔镗挺身组织乡民,练兵抗倭。每"出战以一当百,斩获无算"。

　　嘉靖三十六年(1557年)倭寇被赶出沿海,民众稍稍得到安宁。明廷听从里人乔镗、王潭请求,决定在川沙修筑城墙。乔镗率领川沙父老子弟,自这年九月起筑城,至十一月就告完工,速度之快,令人惊讶不已。在修筑川沙城墙时,地方权势者妄图逃避负担,而乔镗毫不徇私。由此谤议日起,蜚语流传。乔镗因此含恨而死。乡人思其德,建仰德祠祀之。《仰德祠碑记》云:"城成,而倭舶东西行海中者,不敢复措意。"文徵明《新建五城记》云:"庶民昔也,朝夕悄悄,不能自保,今则帖然,持以无恐矣。"朝廷封赠乔镗奉政大夫、福建参政。

288. 进士父子出乔家

　　俗话说,虎父无犬子。乔镗有子名木,字伯梁,号元洲。少年英才,14岁即补博士弟子员。倭寇进犯川沙,帮助父亲屡出奇计。一日,倭寇侵犯东门。乔木却带兵在西门守敌。不出所料,夜深人静之时,倭寇扶梯攀登西门城墙偷袭。乔木发炮攻击,敌人落荒而逃。乔木有诗记之:

　　一城斗大计难施,变起仓皇势莫支。

　　兵法守陴防不备,书生摩垒致偏师。

　　铿鞫炮石从天下,震慑么魔向海驰。

　　凭仗皇威各努力,庶教万姓免疮痍。

　　明隆庆二年,乔木及第进士,先后任安吉知州、井陉兵备、福建参议。明万历三十五年(1607年)乔木儿子乔拱璧及第进士,先后任海盐知县、南京兵部郎中、湖广参议、四川布政司参议。

　　乔木、乔拱璧父子接连高中进士,在时为戍卒屯垦海疆的川沙实属难得,一时传为佳话。后人在城中牌楼桥处建"父子进士坊",上刻阴文"文武为宪"。同治六年(1867年),城内发生火灾而毁之。民国二十年

（1931 年），邑人陆仲超发起重修，同时建造了三层钟楼。抗日战争爆发，"文武为宪"匾额被侵华日军掠去，因为其上记述着乔氏父子抗倭事略。此后，在川沙城建设中父子进士坊也被拆除。

289. 碑帖收藏甲江南

沈树镛（1832—1873 年），字韵初、号郑斋，清咸丰九年（1859 年）中举，官至内阁中书，娶姑苏名门吴大澂①之妹为妻。沈氏博学多才，对秘籍、书画、金石、碑帖研究颇深，尤以治碑帖最负盛名。家中收藏极其丰富，不仅在川沙一带首屈一指，而且"富甲东南"。清代著名学者俞樾曾称沈树镛之收藏："金石之富，甲于江南。"沈一生著有《汉石经丛刻目录》《汉石经室跋尾》《书画心赏日录》《补寰宇访碑录（与赵之谦合撰）》等。

从青少年起，沈树镛就对中国悠久的碑刻文化产生了浓厚的兴趣。他既重视丰碑巨石，又独具慧眼搜集造像文学小品，长期辛勤耕耘在考订碑帖这块广阔而又寂寞的土地上。同治二年（1863 年），他获得宋拓《熹平石经》127 字。上有翁方纲、毕秋帆、武虚谷、孙渊如、王念孙等名家手书的跋语。不久，沈又觅到孙承泽研山斋藏本《熹平石经》残字，内容和黄本参差不同，唯其中的《今文尚书·盘庚篇》只多 4 字。沈树镛喜出望外，遂名其寓所为"汉石经室"。一时间，沈树镛住宅内史第高朋满座，群星灿烂。"汉石经室"之名不胫而走。

沈树镛是晚清最具影响力的碑帖收藏家之一。光绪七年（1881 年），兼通地理、金石、目录版本、书法的文化大家杨守敬，在笔谈中与日本书家日下部鸣鹤说到中国的"好古家"时写道："碑第一则南汇（南汇

---

① 吴大澂是清末著名的金石学家、古文字学家，官至广东、湖南巡抚等。吴氏收藏古物甚丰，研究金石文字善于将实物与文献相对照。著有《愙斋集古录》《说文古籀补》《恒轩所见所藏吉金录》《古玉图考》等。

县曾辖川沙）沈树镛。"吴大澂在为沈树镛的遗稿《汉石经室跋尾》作序中写道："数十年来，大江以南，言金石之学者，前有嘉兴张叔未（名廷济，字顺安），后有川沙沈韵初，收藏之精，且富甲海内，尤非张氏清仪阁比。"可见沈在晚清碑帖收藏界的地位之高，得到普遍认同。

沈树镛子沈毓庆，开设川沙第一家毛巾厂，成为浦东川沙毛巾工业的发端。

290. 北洋将领沈寿昌

沈寿昌，浦东洋泾源深村人，自幼聪颖好学，胸怀大志。1874 年，11 岁的沈寿昌漂洋过海远赴美国留学，成为清政府留美幼童计划中的第四批 30 名幼童之一。

1881 年，沈寿昌回国后，遣派北洋水师。在北洋水师，沈寿昌"始终勤奋，日进有功……驾驶、测量讲求精细。……操法、阵法、口令，均臻娴熟"。1886 年，任济远舰大副。1889 年，升职帮带（副舰长），兼大副。1894 年夏，日本入侵朝鲜。李鸿章增兵入朝，由济远等舰护送。7 月 25 日拂晓，济远舰完成护送任务返航至丰岛海面时，遭到吉野等日舰突然袭击。沈寿昌"屹立司舵，指挥炮手还击"。激战中，日舰炮弹击中济远舰望台，沈寿昌头部中弹阵亡，年仅 31 岁。由于沈寿昌的英勇无畏、拼死搏战的气概，鼓舞了全舰官兵，最终击伤吉野，济远得以安全返航。此战揭开了中日甲午战争序幕，沈寿昌成为甲午战争中第一个为国捐躯的海军将领。

沈寿昌殉国后，清政府嘉其忠勇，追授副将衔，灵柩运回，葬于江苏省嘉定县三千里村附近（今属上海市普陀区桃浦镇）。1960 年代初，因平整土地，移其遗骸深埋。今同济大学西校区（原上海铁道学院）内有其墓遗址。

位于同济大学西校(真北路 500 号)的沈寿昌墓遗址(2015 年)

上海南京路上的鸿翔公司店招

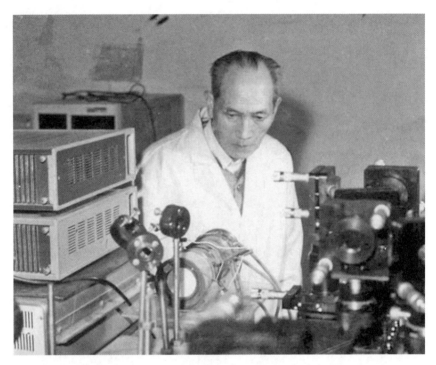

光学奠基人龚祖同

1989 年,倪志福(前排右)回家乡考察北蔡绣衣厂

291. 一生沉浮张闻天

1900 年 8 月 30 日，张闻天出生于浦东祝桥张家宅。1917 年考入南京海河工程专门学校。1922 年，赴美国勤工俭学。1924 年回国至重庆二女师任教。

1925 年，张闻天加入中国共产党，同年赴苏联，先后在莫斯科中山大学、红色教授学院学习与任教，并从事共产国际东方部工作。1930 年回国，次年任中共中央宣传部部长、临时中央政治局常委。1933 年进入江西瑞金中央苏区。在中共六届五中全会上，当选为中央政治局委员、中央书记处书记。在中华苏维埃二大上当选为中央政府人民委员会主席。

1934 年 10 月，张闻天参加长征。1935 年 1 月出席遵义会议，作批判"左"倾军事路线的"反报告"，对确立毛泽东的领导地位起了至关重要的作用。会后，根据中央政治局常委分工代替博古负总责。1936 年，主张和平解决"西安事变"，组成抗日统一战线。1938 年后任中共中央政治局常委、书记处书记并兼任宣传部部长、马列学院院长等职。1945 年在中共七届一中全会上当选为中央政治局委员。1946 年任中共合江省委书记。1948 年任中共东北局组织部部长、东北财经委员会副主任，次年任辽宁省委书记。1951 年出任驻苏联大使。1955 年回国后任外交部第一副部长。1956 年当选为中共中央政治局候补委员。是第一、第二届全国人大常委会委员。

1959 年 7 月，在庐山召开的中央政治局扩大会议上，张闻天与彭德怀、黄克诚、周小舟一起被错误批判。此后，离开外交部门，从事社会主义市场经济理论的研究。1976 年 7 月 1 日病逝。1979 年 8 月 25 日，中共中央在北京人民大会堂召开大会，隆重追悼张闻天，为其平反昭雪。

292. 黄河万里映丹心

黄万里,浦东川沙镇人,1911 年 8 月 20 日出生,著名水利专家、教授。

1924 年入无锡实业学校,1927 年入唐山交通大学,1932 年毕业。1933 年任杭江铁路见习工程师。1934 年赴美留学,先后在康奈尔大学、伊利诺伊大学获得硕士、博士学位。1945 年在南京出任水利部视察工程师。1947 年至 1949 年 4 月出任甘肃省水利局局长兼总工程师和黄河水利委员会委员。1949 年出任东北水利总局顾问。1950 年任教唐山交通大学。1953 年调配至清华大学任教。1957 年被打成"右派",1980 年平反。

黄万里一生对中国的大江大河有着至深的感情,以一个科学家的独立精神,在黄河三门峡水利工程等规划和建设中孤身一人坚持自己的学术观点,并随着时间的推移逐渐被证明其准确性。黄万里被誉为"20 世纪中国知识分子的脊梁",主要学术论著有《洪流估算》和《工程水文学》《论治理黄河方略》等。

2001 年 8 月 20 日,清华大学水利系为黄万里举行 90 周岁生日祝贺会。之前,他曾表示希望自己能坐着轮椅到会场,可是 19 日那天,他开始发高烧,没能赴会。8 月 27 日,黄万里与世长辞。临终前,这位将一生奉献给中国水利事业的科学家,在遗嘱中没有自己只有祖国的大江大河:

"治江原是国家大事,'蓄''拦''疏'及'挖'四策中,各段应以堤防'拦'为主。汉口段力求堤固。堤临水面宜打钢板桩,背水面宜以石砌,以策万全。盼注意,注意。

万里遗嘱 2001 年 8 月 8 日。"

293. 海军司令张定发

张定发,浦东杨思人,1943 年 12 月 8 日出生。1960 年 7 月,进入海军潜水艇学校学习。1964 年 3 月,加入中国共产党。同年 7 月完成学业后,相继担任潜艇实习鱼雷长、海军核潜艇办公室参谋。1971 年起先后任潜艇副艇长、艇长。1980 年,作为优秀年轻干部进入海军学院合成指挥班学习。1983 年任海军某潜艇支队副支队长。1985 年先后任海军北海舰队参谋长助理、海军青岛基地参谋长。1988 年参加国防大学国防研究班进修。1993 年起先后任北海舰队参谋长、副司令员。1996 年任济南军区副司令员兼北海舰队司令员。2000 年 12 月任海军副司令员。2002 年 11 月任军事科学院院长。2003 年 6 月任海军司令员。2006 年 8 月,因病不再担任海军司令员职务,12 月 14 日因病去世。

张定发是中国共产党第十五届、十六届中央委员会候补委员。1991 年 6 月被授予海军少将军衔,1998 年 7 月晋升为海军中将军衔,2004 年 9 月晋升为海军上将军衔。

张定发在潜艇部队期间,组织部队创造了导弹超视距攻击八发八中的记录,在全军、海军比武竞赛中多次取得第一的成绩。走上舰队领导岗位后,核潜艇专项训练任务填补了中国潜艇发展史上的多项空白。任海军副司令员后,实施了海军综合性大学实质性合并和学科专业优化重组,开创了海军院校建设的新局面,制定了《十五期间海军基层部队设施设备补缺配套建设计划》。任海军司令员后,组织完成了一大批新武器装备的研制、试验和定型,制定了新装备形成战斗力"统筹图",缩短了新装备形成战斗力的周期。多次组织指挥海军部队参加海上重大演习演练和装备试验任务。

294. 建筑领袖杨斯盛

杨斯盛,字锦春,1851 年出生在川沙蔡路青墩的一农户家中。幼年父母双亡,由婶娘拉扯长大。生活的苦难磨炼出他顽强坚忍的性格,勤奋好学改变着他的命运。

13 岁那年,杨斯盛变卖了婶娘给的一只老母鸡作盘缠去上海谋生,学做泥水匠。不出几年,杨斯盛的手艺有了长足进步。在虚心好学的同时,结识了不少中外人士,特别与英商公平洋行大班阿摩尔思最为密切。1880 年,在阿摩尔思的相助下,杨斯盛创办起上海第一家现代意义上的建筑企业——杨瑞泰营造厂,成为中国建筑业由传统走向现代的标志。

1891 年,英租界当局采用招标形式,筹建江海北关新大楼。处于传统建筑业中的同行因新海关大楼结构设计复杂、用材新颖而顾虑重重、望之却步。杨斯盛却觉得这是一个证明中国建筑业实力的大好机会,毅然签下承包合同。三年后,一座现代化的海关新大楼巍巍挺立在黄浦江畔。竣工之时,同行齐声称赞,洋人为之折服。

杨斯盛承建江海关新大楼,闯出了一条中国传统建筑艺术与西方现代建筑技术巧妙结合、优势互补的道路,树起了"海派建筑"的一面旗帜,使处于西方现代建筑业冲击之下,还在痛苦彷徨的中国建筑工匠看到了希望。

杨斯盛在建筑业上的成功和发展,带动引领了一批川沙建筑工匠在上海创业和发展。在杨瑞泰营造厂之后,由浦东川沙人在上海先后开设了顾兰记、赵新记、陶桂记、张兰记等十数家营造厂。川沙一跃成为"建筑之乡"。杨斯盛事业成功以后,没有忘记自己幼年失学之痛苦。看到国家危难,教育衰微,便"慨罄巨金,广建学校"。1908 年 4 月 30

日,杨斯盛去世,年仅 57 岁。1917 年,经民国政府批准立杨斯盛铜像于浦东中学。有辞颂之:"于铄杨公,挺身江东,毁家兴学,烈伟丰功。形体虽化,精神无穷;巍巍之像,百世可风。"

295. 中西融汇陆渊雷

沪上中医界流传着这样一段佳话。

1940 年代,苏北抗日根据地缺医少药,伤病困扰着根据地军民。新四军医务人员在阅读了陆渊雷的《伤寒论今释》《金匮要略今释》等著述后,得益匪浅。陆氏理论通俗易懂,切合实际,从中他们找到了利用当地中草药治病的途径;又以陆的著作为教材,培训出许多医务人员。因此 1949 年上海解放之时,来自苏北的上海军管会领导没有忘记陆渊雷的贡献。五月末的一个下午,在上海牯岭路一幢幽静的石库门房内,他们专程拜访了正在悬壶济世的陆渊雷,向他表示感谢。

陆渊雷,1894 年出生川沙镇。自幼聪慧好学,记忆过人。少年时代师从朴学大师姚孟醺治经学、小学,遍览诸子百家,工书法、金石,对于天文历算造诣尤深。1912 年,陆渊雷就读江苏省立第一师范学校。毕业后先后在武昌高等师范学校、江苏省立师范学校、国学专修馆、暨南大学、持志大学、中国医学院等处任教。1929 年,陆与徐衡之、章次公创办上海国医学院。聘请章太炎为校长,陆自任教务长,亲自制订教学大纲,将理化、解剖等西学课程列入教育大纲。另外自己编写《伤寒论今释》《金匮要略今释》等教材,亲自任课讲授。《伤寒论今释》《金匮要略今释》两书以近代西方医学理论评述中医经典,不乏独到见解,有令人耳目一新之感。

1950 年,陆渊雷创办中医进修学校。1954 年,受委托主持编纂中医学教材。同年当选第一届全国人民代表大会代表。1955 年,担任上海中医学院筹备委员会主任委员。正当陆渊雷构画上海中医学院蓝图之际,因病不幸于 6 月 1 日去世,年仅 61 岁。

陆渊雷一生著述颇丰,成为沪上一代中医名家。除《伤寒论今释》《金匮要略今释》外,另著有《陆氏医论集》《中医生理术语解》《中医病理术语解》等一批中医学著作,从而自成体系。

陆渊雷学生、川沙镇中医师闵志华在 1992 年回忆时说:"陆先生中西医理论无不通晓,又有独到见解,阐述病理、药理极其清晰。听别人的课时同学们常常要打瞌睡,而先生的课却引人入胜。先生身高 1.65 米左右,待人和善,吃素信佛。"

296. 鸿翔沪上女装王

金鸿翔,浦东孙桥人,1894 年出生。13 岁进入中式裁缝铺当学徒,后改拜上海滩知名红帮(西式)裁缝张凤歧为师,改学西式服装技艺。

1914 年,金鸿翔满师后,前往哈尔滨跟东北师傅学习设计制作冬装,尔后辗转海参崴学习俄式服装制作技术。由此,他在西服制作方面开始具备开阔的视野和精湛的技艺。之后金鸿翔返回上海任服装店技师。1917 年,金鸿翔盘下南京西路 683 号门面,在上海滩创办了第一家由中国人开设的西式服装店。为店铺冠名时,颇费一番心思,最后定名"鸿翔"二字,寓意"鸿运高照,飞翔全球"。据说,金鸿翔此时还叫金毛团。后来因为鸿翔创出了牌子,出了名,才干脆把自己的名字也改名鸿翔。

1928 年,金鸿翔盘进升发时装公司,改名"鸿翔公司时装部"。金鸿翔一跃成为中国女子时装的创始人。

为了紧跟时代潮流,金鸿翔以高价订阅法国、美国时装刊物,聘请犹太设计师,引进国外流行款式,从而使鸿翔服饰与时俱进,引领潮流。业内人士甚至把这一时期称为"鸿翔时代"。

1935 年 11 月,"电影皇后"胡蝶与商人潘有声成婚。鸿翔公司设计制作了一件缎底白色,面上精工刺绣 100 只蝴蝶的结婚礼服"百蝶裙"相赠。结婚典礼上,胡蝶穿上鸿翔公司的"百蝶裙",光彩照人,美艳夺目,众人无不称奇,从而成就了鸿翔服装品牌营销的又一段佳话。

1946 年,英国女王伊丽莎白二世即将大婚,金鸿翔闻讯后,立即精制一件大红绣金线短袄和一条绣金线百褶裙相赠。女王收到来自中国上海的礼物后既惊讶又高兴,嘱托英国驻沪领事馆转交由她签署的印有白金汉宫字样的答谢帖。金鸿翔将答谢帖置放在公司门面橱窗中展出,引得众人驻足,上海滩大大小小报刊纷纷报道。蔡元培为鸿翔公司挥笔题词"国货津梁"。宋庆龄赠墨:"推陈出新,妙手天成,国货精华,经济干城。"

1969 年,金鸿翔去世,享年 75 岁。今天,鸿翔公司的招牌依然高高矗立在上海南京路上。

297. 孙家父子协大祥

改革开放前,人们日常的穿衣大多由裁缝师傅量身定制,所以上布店买衣料(以前叫剪洋布)后,再叫裁缝师傅做衣裳是长期以来的生活老习惯、老传统。那时上海滩最有名的洋布店为协大祥、宝大祥、信大祥,俗称"三大祥",而其中实力最强的当数浦东孙桥人孙琢璋、孙照明父子开设的协大祥绸布店。1949 年,新中国成立时,协大祥门店销售额占全市 400 多家零售绸布商店的 18%。在老上海人心目中,协大祥成为布店的代名词。

1882 年,孙琢璋在浦东孙小桥出生。13 岁离家前往横沔北德泰糟坊当火工,14 岁又到北蔡杂货店当学徒。之后又到上海金陵路协祥洋货行当店员。

孙琢璋既有浦东人吃苦耐劳的精神,又十分聪明能干、勤奋好学。一把算盘打得啪啪响,在业内有"铁算盘"之称。此后孙出任位于上海南市小东门的协大祥绸布店经理。没过多久,孙以严格的管理制度、"足尺加三"的营销手段,把协大祥经营得有声有色,销量节节攀升,业务蒸蒸日上。

1930年孙琢璋英年早逝,儿子孙照明继承父业,发扬光大。先后在大世界、八仙桥、南京东路增开了3家协大祥。协大祥在激烈竞争中能够称雄,除了孙照明的经营才能和不断增添、完善父亲留下的企业管理制度外,还有一个秘诀是实施产销一条龙战略。

"九·一八"事变后,孙照明在上海陆家浜创办裕新染织厂(后改名鼎新染织一厂)。1934年,孙赴日本考察纺织工业,并购买织布机、整经机等纺织机械设备131台,在家乡孙桥创办鼎新染织二厂,第二年建成投产。鼎新厂生产元色哔叽、鼎新呢、中华绉等10余个产品。除在上海销售外,还远销至广州、东北等地。孙照明紧盯市场变化,店厂紧密配合,及时推出一批批色泽入时质量上乘的新布料,迎合了不同阶层消费者的需求。

孙照明不仅在棉布业大显身手,还涉足地产、建材、机械制造、银行等行业。同时注重企业文化建设,在自己的企业里成立篮球队、足球队、军乐队、清音班等文体组织。

解放后,孙照明历任上海市政协委员,中国民主建国会上海市委委员,上海市纺织品公司副总经理,上海市棉布业公会主任委员,上海市工商联常务委员、副秘书长等职。1990年8月孙照明因病去世,享年79岁。

298. 奠基光学龚祖同

龚祖同,浦东金桥张浜村人,1904年11月出生,光学专家,中国光学玻璃、纤维光学与高速摄影的创始人,中国应用光学的开拓者之一,中国科学院院士(学部委员)。

　　龚祖同 1917 年考入江苏省第一师范学校,1926 年考入清华大学物理系。1930 年以优异成绩毕业,留校任教。1932 年进入清华大学研究生院,师从中国核物理先驱赵忠尧。1934 年,赴德国柏林工业大学深造。1937 年回国,先后任昆明光学厂设计专员、秦皇岛耀华玻璃厂总工程师、上海耀华玻璃厂总工程师。新中国成立后,历任长春光学仪器研究所副所长、西安光学精密机械研究所所长、中国科学院西安分院副院长、陕西省科协副主席、陕西省第四届政协副主席、中国光学学会副理事长。1979 年加入中国共产党,是第三届全国人大代表。1986 年 6 月去世,享年 82 岁。

　　龚祖同一生先后试制成功中国第一架军事双目望远镜、第一架红外夜视仪、第一批光学玻璃、第一台透射式电子显微镜和转镜式高速摄影机和克尔盒相机、变像管高速摄影机,主持了 2.16 米天文望远镜的研制。1981 年获美国福托—索尼克斯金质奖章,1986 年获国家科技进步特等奖。主要著述有《光学系统的高级像差》《光学玻璃熔制的发展及其有关原理》《高速照相及纤维光学》《锥形自聚焦(变折射率)纤维在高速网格摄影中的应用》《高速摄影概论》《高速摄影总论与间歇式高速摄影》等。

299. 川沙陆门两院士

　　川沙临海,又名铁沙。此地人杰地灵,尤以黄炎培为代表的黄氏家族声名显赫。然而川沙毕竟是藏龙卧虎之宝地、群星灿烂之天空。川沙陆氏家族亦是星光耀眼,在中国科技界卓尔不群。陆婉珍、陆钟武姐弟分别是中国科学院院士和中国工程院院士。

陆婉珍 1924 年 9 月出生,先后在常州读完小学,在重庆南开中学完成中学学业。1946 年,陆婉珍从中央大学毕业。1947 年 9 月,来到美国伊利诺伊大学学习。在美国,陆婉珍先后取得伊利诺伊大学硕士学位和俄亥俄州立大学博士学位。1955 年,陆婉珍与丈夫闵恩泽放弃优越的生活和科研条件回到祖国,被分配在石油部石油炼制研究所,具体负责油品分析研究室的筹建工作。她主持编写了《近代仪器分析在石油工业中的应用》《重整分析方法汇编》和《石油化工分析方法汇编》等著述。

1991 年 9 月 11 日,国际石油炼制和石油化工学术会议暨展览会(Interpec China 91)在北京召开。500 多名中外学者与会。陆婉珍受邀做了题为《Evaluation of Chinese Crudes(中国原油评价)》的报告,系统回顾总结了中国原油评价走过的近半个世纪的历程和成绩,介绍了我国新疆原油资源情况及其性质特点。陆婉珍自豪地宣布,中国凭借自己的技术已经建立了从天然气到渣油的整套组成和性质分析方法。这一年,陆婉珍当选为中国科学院院士。2015 年 11 月 17 日,陆婉珍在家中平静安详地去世,享年 91 岁。

陆钟武,1929 年 10 月出生。1946 年毕业于重庆南开中学,1950 年毕业于大同大学。1953 年毕业于东北工业学院研究生班。曾任东北工业学院院长、沈阳市科协主席、中国金属学会副理事长、东北工业学院冶金热能工程学科博士生导师。1997 年当选为中国工程院院士。

陆钟武在我国的冶金热能工程和工业生态学领域做出了杰出贡献,先后获得国家科技进步奖二等奖、光华工程科技奖,发表学术论文 200 余篇,专著 10 本。2017 年 11 月,陆钟武去世,享年 88 岁。

300. 中科院士叶培大

叶培大,浦东新场人,1915 年 10 月 18 日出生。1980 年,当选为中国科学院院士(学部委员),2011 年 1 月 16 日去世。

1927 年,叶培大就读上海民立中学,1934 年考入国立北洋工学院电机系,连续三年考试成绩第一;1940 年到重庆中央广播电台就职。

1945 年至 1946 年,叶培大就读于美国哥伦比亚大学研究院,期间在美国国家广播公司(NBC)和加拿大北方电气公司实习。

1946 年 11 月,叶归国后在南京国民政府中央广播电台工作,同时兼任金陵大学电机系副教授。

1947 年至 1949 年间,叶培大主持设计、安装和测试了中国第一部 100 千瓦大功率广播发射机,为恢复中国大型广播发射台、天安门广播系统等作出了贡献。在微波通信领域,于 1956 年在国内率先开展了相关研究工作。1958 年至 1966 年,与中科院电子所合作在 H01 微波圆波导通信的研究方面取得了重要进展。

1974 年,参加邮电部 960 路微波中继 Ⅱ 型机的研制工作,在国内首次研制出微波波导校相器、微波波导直接耦合滤波器以及微波分并路器等,为提高 960 路微波中继 Ⅱ 型机的质量作出了重要贡献。

1976 年后,在相干光纤通信系统、光纤通信系统中的极化噪声、模分配噪声、光纤非线性等方面取得了一系列成果。

1980 年起,叶培大主持了一系列国家级科研项目,在国内首次研制成功了相干光纤通信试验系统及长波长单频可调谐半导体激光器等一批关键器件;率先开展了光孤子通信研究工作并研制成功相应的实验系统;系统地研究了多模光纤通信系统中的模式噪声和单模光纤通信系统中的极化噪声等重要课题,攻克了光时分复用、光波分复用等高速宽带光纤通信系统中的一系列关键技术。

叶培大始终以一名科学家的特质前瞻性地行进在科学发展与技术展望的前沿,是中国微波通信的领路人、新时代光纤通信的开拓者和奠基中国信息高速公路的先行者。

301. 中科院士唐有祺

唐有祺，浦东新场人，1920 年 7 月 11 日出生，是中国晶体化学和结构化学的主要奠基人、中国分子工程学开拓者、中国化学生物学倡导者。1942 年毕业于同济大学理学院化学系，1950 年毕业于美国加州理工学院获博士学位，1980 年当选为中国科学院院士（学部委员）。

唐有祺的学术工作，大多与基础研究有关。主要研究领域为晶体体相结构和晶体化学、生物大分子晶体结构和生命过程化学问题的研究和功能体系的表面、结构和分子工程学的研究。著有《结晶学》《统计力学及其在物理化学中的应用》《化学动力学和反应器原理》《对称图象的群论原理》《有限对称群的表象及其群论原理》《相平衡、化学平衡和热力学》6 部专著，发表论文 400 余篇。"胰岛素晶体结构测定""晶体体相结构与晶体化学的基础研究"获国家自然科学奖二等奖。"胰蛋白酶和 Bowman-Birk 型抑制剂复合物系列立体结构研究"获国家自然科学奖三等奖。"使用单层分散型 CuCl/分子筛吸附剂分离一氧化碳技术"获国家科技发明奖二等奖。

302. 数学大家名龚升

龚升，浦东北蔡镇人，1930 年 1 月 16 日出生。1938 年龚升进入上海美德小学学习。只用了三年时间，龚升就学完了全部小学课程。1941 年，龚升就读崇实中学，一年后转入培真中学。在培真中学，龚升遇到了正在那里教书的吴文俊（著名数学家、中国科学院院士）。与吴的相遇，为龚升今后走上数学研究之路产生了极大的影响。1944 年初中毕业,龚升考入复旦中学,并且直接进入高二年级学习。1946 年,他以全校第一名的成绩毕业,被保送至复旦大学。那时,龚升对数学产生了浓厚的兴趣,加上此时上海交大数学系名师汇集,于是放弃复旦保送。1946 年秋,通过考试,龚升进入交大数学系学习。

1950 年 7 月,龚升从交通大学数学系毕业后,在浙江大学跟随陈建功学习研究几何函数论,从此几何函数论成为龚升一生中重要的研究领域。1951 年春天,龚升的第一篇论文在《科学记录》上发表。1954 年 11 月,龚升结束学业,来到北京中科院数学所工作。1958 年,中国科技大学在北京成立。龚升随之调入科大,筹办数学教研室,同时协助华罗庚创办数学系。不久任数学系副系主任。1959 年,龚升晋升为副教授,时年 29 岁,是当时全国最年轻的副教授之一。华罗庚高兴地叫他"教授",于是"教授"成为他的外号。1984 年至 1989 年,龚升任中国科技大学副校长、研究生院院长、数学研究所所长等职。2002 年,获华罗庚奖。

2011 年 1 月 10 日,龚升因病医治无效,在北京逝世,享年 81 岁。龚升一生,共发表学术论文 100 余篇,出版专著 9 部。在美国学术界出版发行专著,颇得好评。主要论著有《典型群上调和分析》《简明微积分》《多复变数的奇异积分》《简明复分析》《勃洛赫常数与薛瓦兹导数(与余其煌、郑学安合作)》《线性代数五讲》等。在数学研究的同时,不忘教书育人,为国家培养出一批青年数学人才,其中不乏成为学术带头人者。

303. 楚学泰斗张正明

1928 年 12 月 24 日,张正明出生于上海南汇县汇北乡杨家镇北侧的张家宅。1948 年,张正明以上海市第一名的成绩考入清华大学社会系民族专业。1952 年毕业后,先后在政务院民族事务委员会、全国人大民族委员会办公室、全国少数民族社会历史调查研究办公室工作。1955 年起,张正明开始在《历史研究》《政法研究》《民族问题研究辑刊》等学术刊物上发表论文。

1957 年,张正明被错划为右派,发往北大荒劳动改造。期间做过仓库保管员、伙食管理员和中学教师。1979 年第一本专著《契丹史略》在中华书局出版,从而奠定了张正明在中国民族史研究方面的地位,并担任了中国民族史学会副会长。

1978 年,在河南淅川和湖北随州出土了包括王子午鼎和编钟在内的大量楚国文物。其优美造型、浪漫题材和楚人丰富的想象力与生命力,引起学术界广泛关注,也极大地震撼了年届五十的张正明。从此他走进楚文化研究领域,直至生命的最后时光。

1981 年,为了近距离研究楚文化,张正明离开北京调入湖北省社会科学院,开启学术人生的又一段攀登之路。1987 年,他的楚文化研究扛鼎之作《楚文化史》出版。1988 年,张正明主编《楚文化志》,全书分为18 章,依据门类深入评述,是为《楚文化史》基础上的拓宽加深。1995年至 1996 年,由张正明主编的《楚学文库》出版,此套丛书共分 18 册,更是分门别类深刻论述两千多年前江汉大地数百年的楚国文明。从中可以看到,自从《楚文化史》奠定楚文化研究基础以来,近 10 年间的一系列研究成果。

2004 年起,张正明开始《秦与楚》的写作。他将秦、楚看作两股交缠的线,"从头到尾"条分缕析。另一方面,在秦与楚的布局上突出族源、两国发展轨迹、性格趋向(心理定式)异同、二者的最终"和解"融合等若干关键点。正当《秦与楚》写作进入最后阶段,2006 年秋天,张正明不幸罹患直肠癌。12 月 3 日与世长辞。

第二年,张正明遗著《秦与楚》由华中师范大学出版社出版。

304. 钻头大王倪志福

倪志福,浦东洋泾朱湾村人,1933 年 5 月 4 日出生。1950 年 6 月进入上海德泰模型工场当学徒。期间在上海青工政治文化学习班学习后转入上海第四机械制造训练班学习。1953 年 6 月到北京国营六一八厂当钳工,发明三尖七刃麻花钻,被誉为"倪志福钻头"。倪志福的发明大大提高了钻头的使用性能和切削寿命,在国内外切削界引起重大反响,在赴东欧表演群钻操作时引起轰动。

1958 年 10 月,倪志福加入中国共产党。1973 年 4 月至 1976 年 10 月,历任国营六一八厂党委书记、北京市总工会主席、中共北京市委书记、北京市革委会副主任。1976 年 10 月至 1988 年 10 月,历任中共上海市委第二书记、上海市革委会第一副主任,中共北京市委书记,中华全国总工会主席,国务院机械工业委员会副主任、党组副书记,中共天津市委书记等职。1988 年 10 月至 1993 年 10 月,任中华全国总工会主席、党组书记。党的十一大、十二大期间任中央政治局委员,连续担任第七届、第八届全国人大常务委员会副委员长。2013 年 4 月 24 日,倪志福在北京逝世,享年 79 岁。倪志福是中国共产党第九届、十届、十一届、十二届、十三届、十四届、十五届中央委员,第五届、六届、七届、八届全国人大代表,著有《倪志福钻头》《群钻的实践与认识》《群钻》等著作。

305. 技术大王封盛利

盛利,浦东花木界沟村(今浦东新区花木街道)人,1921 年 4 月出生。3岁时,父母双亡,靠着亲属的帮助幸存人世,从小饱尝了人间的世态炎凉。12岁这年,为生计所迫,盛利背井离乡前往湖北汉口公记机器厂当学徒。到了汉口,盛利足不出厂,一边为师父端汤盛饭洗衣服,一边忙里偷闲潜心琢磨师父的一招一式。正式操作车床不久,周围的老师傅看着他加工的物件,纷纷夸奖这孩子有灵气,是块做技术工的料。

学徒满师后,盛利开始了历时10年的流浪式打工生活,先后在重庆金勤机器厂等12家工厂当车工或钳工。由于这段时间经历的工厂多,接触的金加工活各有不同,加上自己的用心钻研,盛利的车、钳工技术大有长进。1946年5月,盛利携妻儿回到阔别13年的上海,进入中国农工机械公司(上海机床厂前身)工作。

上海解放后,盛利怀着强烈的翻身感,全身心地投入到新中国的社会主义建设中去。1952年6月,盛利加入中国共产党。1953年,发明了"硬质合金阶台式车刀",大大提高了车床加工效率,并在全国推广。

1956年,盛利向全市车工提出开展"保证质量提高切削效率"的倡议。第一个以550米的切削速度创造了上海市最高切削记录,推动了全市社会主义劳动竞赛的开展。在第一个"五年(1953年至1957年)计划"中,盛利改进自动停刀架、铰刀架、偏心夹具等40多种工具和操作方法,用5年时间完成了9年的工作量,成为全国著名的高速金属切削能手。

1957年,作为中国劳动人民代表团成员,盛利光荣地随同毛主席出访苏联,在莫斯科参加庆祝十月革命40周年活动,随后到波兰等东欧社会主义国家参观访问。

盛利生前8次受到毛主席接见,7次受到周总理接见,6次评为上海市劳动模范,1次获全国劳动模范称号。1982年,盛利因病去世,年仅61岁。盛利,不愧为中国工人阶级的先进典型、能工巧匠的代表!

306. 编结专家黄培英

黄培英,浦东川沙镇人,1913 年出生,著名音乐教育家黄自胞妹。民国十七年(1928 年)黄开办培英编结传习所,并参加工商部举办的中华国货展览会,参展作品获特等奖和一等奖。以后又在中西、市音等商业电台讲授绒线编结知识。1930 年代,由她独创的桃、李、梅、蔷薇等花型的镂空毛衣,成为当时女性的时髦外套。民国二十二年,编写出版《培英丝毛线编结法》,发行量高达 30 万册,打破当时出版纪录,一跃成为 20 世纪三四十年代知名的绒线编结专家。

新中国成立之初,黄培英在苏州开设大新绒线店。1956 年,受聘上海工艺美术研究所,从事专业研究与创作。期间专心研究古代民间线结技艺,以各种彩色纱线或丝线,编结成各种日用品和镜框装饰品,使线结工艺从原有的 3 种基本结法发展为 20 多种结法、200 多种图案花样,所设计的代表作品有"三梭花旗袍""白色大礼服""游龙围巾""野菊花披肩"等。1964 年被评为工艺美术师。

1983 年黄培英去世,享年 70 岁。一生先后编写出版了《培英丝毛线编结法》《绒线童装编结法》《民间线结》《花边编结法》《绒线服装编结法》等 20 本编结专著。

307. 企业管理穆藕初

穆藕初,浦东杨思镇人,1876 年出生。清光绪十五年(1889 年),进入上海棉花行当学徒,后任职员,期间在夜校学习英语,补习历史、算术,次年考入江海关。光绪三十年与马相伯等组织沪学会,提倡新学。

光绪三十二年,任教上海龙门师范,次年任江苏铁路公司警务长。宣统元年(1909年)赴美留学,获农学硕士学位。民国三年(1914年)归国。次年与其兄穆湘瑶创办德大纱厂,任总经理。民国七年,筹建厚生纱厂。次年在河南郑州创办豫丰纱厂,自任董事长兼总经理。在引翔港开办穆氏植棉试验场,从美国引进哥伦比亚、赫尔奔等长纤维棉花品种。在杨思镇附近,开辟棉种试验场,并先后在沪、苏、浙、鄂、湘、豫等省开办了16个植棉改良试验场。民国九年,当选上海华商纱布交易所理事长,同年出任北京政府农商部名誉实业顾问。民国二十七年任国民政府农产促进委员会主任。民国三十年任经济部农本局经理。1943年,在重庆因病去世。

穆藕初同样对恢复昆曲事业多有贡献。民国十年,资助创办昆曲传习所。俞振飞谓:"昆曲得以保存于世,赖先生之力,其功不朽。"一生著有《植棉改良浅说》《美棉消毒之方法》《游美国塔虎脱农场记》《中国商务与太平洋》《发展中国天产与商务》《纱厂组织法》《日本纺织托拉斯之大计划》《昆曲演出史稿》《上海戏曲史料荟萃》等,翻译有《科学管理法原理》《中国花纱布业指南》。

穆藕初被誉为中国现代企业管理的先驱,毛泽东称其为"新兴商人派"的代表人物。

308. 民政总长李平书

李平书,初名钟钰,号且顽,浦东高桥人,1851年出生。因太平军起事,迁家上海。肄业龙门书院,专研经世之学,兼任《字林西报》主笔。因感沪城城河淤塞,饮水不洁,每遇火灾,取水不便,建议开设自来水厂。先就城北设局,引水入城,居民称便。清光绪十一年(1885年),赴广东任职,迭署洋务局,清理南海积案等差。擢署陆丰、新宁、遂溪县事。适法国觊觎台湾,李与交涉,力争主权,才名昭著。后回沪,任江南机器制造局提调。在当地办初级小学,设医学会及女子中西学堂。公事之暇,议于城厢南市仿行警案,设立总工程局,试办地方自治。光绪三十二年(1906年),设东、南、西三区。上海城厢内外救火会有30余社,因各自为政,以致延误时机,造成损失。于是集合组织成救火联合会,建筑钟楼,互施援助。其他如创建中国品物陈列所、上海医院,收回内地自来水公司,改组城自治公所、任总董。辛亥革命事起,与地方士绅联络同盟会,参与上海光复,任沪军都督府民政总长。上海光复后,李平书鉴于上海开埠后,租界地区各项建设日新月异,而南市地区,仍为旧貌。于是首拆城垣,筑电车轨道,移城西坟地建设慈善机构。在他治下,贫民习艺所、新普育堂、南市电车公司、闸北水电厂亦次第成立。

李平书对于开发浦东及家乡建设颇著业绩。光绪三十一年(1905年)创建浦东同人会,着眼于外力之抵御,禁止浦东地转洋商道契,规划交通、测勘沪金铁路,集中舆论,创办《浦东报》。光绪三十二年(1906年)在高桥创设宝嘉公立初等小学(即今高桥镇小学),入学学生免收学费。民国元年(1912年),南北和议告成,兴革善后之事次第结束。遂绝意政治,游心于金石、文艺,移居昆山,取旧藏书检点评陟,其鉴赏极精,自编《平泉书屋》目录二册。著有《新加坡风土记》《且顽老人七十自述》《上海自治志》等。1927年李平书去世,享年76岁。邑人私谥曰"通敏先生",又醵资铸像,立于市区通衢,以志纪念。

309. 浦东第一女博士

朱昌亚,浦东龚路人,1896年出生。朱昌亚受舅舅李平书苦读成材、热心公益、治病救人的影响,从小希望成为一名医师。为此,她刻苦读书,学习英文。1916年,进入苏州女医学院学习。1921年毕业后,任职当时全国最早的公立妇产科医院——天津女医局,曾代理院长等职。

1925 年,朱昌亚自费赴美国密希根大学深造,专修妇产科,获博士学位,成为浦东的第一位医学女博士。1928 年,学成回到上海,负责管理尚贤妇孺医院,同时在上海人和医院高级助产学校任教,培养医务人员。1930 年,经民国政府卫生部审定的朱昌亚著述的《孕妇须知》公开出版。

朱昌亚一生接生的新生命数以万计,又桃李芬芳满天下,培养了大批产科医务人员。她不遗余力普及科学知识,对中国的妇婴医疗作出了重大贡献。1994 年朱昌亚去世,享年 98 岁,安葬于家乡的天长公墓。

310. 油画大师艾仲信

艾仲信,浦东孙桥人,1915 年 10 月出生。1936 年考入中央大学艺术系,毕业后留校任教。新中国成立后,历任中央美术学院教授、油画系主任、副院长,中国美术家协会理事,是中国杰出油画家。

艾提倡现实主义,主张创作立足于生活,是参与推进中国现代油画的先驱者。他对中国油画艺术的重要贡献离不开中国革命历史题材的创作,创造性地使用了"全景式风景"样式,即超宽幅构图,集人物、现场与风景为一体,画面壮阔宏大、气势磅礴。代表作有《通往乌鲁木齐》(中国美术馆藏)、《红军过雪山》(中国革命军事博物馆藏)、《东渡黄河》(国家博物馆藏)、《夜渡黄河》(国家博物馆藏)等。

《东渡黄河》采用大场景手法,表现了在日寇进逼的民族危机面前,红军英勇挺进抗日前线的场景。从俯视的角度描画出黄河奔流而下,军队在渡口集结的待发之势。

《夜渡黄河》在主体、构图、风格、题材上是前作《东渡黄河》的继续,并展示了作者更成熟的技巧:夜空高悬,大河沉暗,凝聚深藏着巨

大的张力;照明弹突然裂响间,强渡黄河的刘邓大军从夜雾中奔涌
而出。

《通往乌鲁木齐》作于 1954 年,表现的是大建设时期人民创建新业
的壮阔场面。生活、传统和作者的豪兴融合在一起,具有催人奋发的震
撼力。

1980 年代,在编纂《川沙县志》期间,艾中信欣然挥笔为家乡作油
画《三甲港》,并刊于《川沙县志》卷首。艾中信另有名作《枕戈达旦》
《紫禁城残雪》《卖柑者》等。2003 年 12 月,艾中信去世,享年 88 岁。

311. 剑胆琴心说黄自

黄自,浦东川沙镇人,1904 年 3 月 23 日出生。1916 年,考入北京清
华学校,开始接触西方音乐。在清华期间,积极参加音乐社团活动,成
为清华园内赫赫有名的"学生音乐家"。1924 年秋,赴美国俄亥俄州欧
伯林大学主修心理学,同时选修乐理、视唱听写、键盘和声等音乐课
程。1926 年,黄自从欧柏林大学毕业获学士学位。毕业时由于官费
留学的期限未到,加之对音乐的热爱,他得以重入欧柏林大学音乐学
院专业学习音乐理论与作曲。两年后,又转学至耶鲁大学音乐学院,
继续主修音乐理论与作曲。1929 年,以毕业作品《怀旧》获得音乐学
学士学位。

1930 年,应上海音专校长萧友梅聘请,担任音专教授兼教务主任。
1931 年 11 月,由黄自作词、作曲的我国最早的以抗日救亡为题材的合
唱作品《抗敌歌》问世。1932 年"一·二八"事变爆发,黄自创作了四部
混声合唱《旗正飘飘》。1932 年至 1935 年,黄自受商务印书馆委托,与
他人合作编写初中音乐教材,共计六册。黄自承担了音乐教材编写的
主要工作,完成了"和声"和"欣赏"部分。六册音乐教科书中所收入的

69 首歌曲中,由黄自创作的达到 28 首。其中包含《九·一八》《睡狮》《雨后西湖》《秋郊乐》《本事》《西风的话》《峨眉山月歌》《花非花》《点绛唇·赋登楼》《南乡子》《卡农歌》《淮南民歌》等作品。

1937 年,抗战全面爆发后,黄自辞去教务主任之职务,集中精力从事教学和编写《音乐史》及《和声学》两部著作。

1938 年 5 月 9 日,黄自因患伤寒,不幸病逝。黄自短短的一生,为后人留下了 94 首包括交响乐、室内乐、钢琴复调音乐、清唱剧、合唱、独唱、教材歌曲等多种体裁形式的音乐作品,15 篇涉及理论、创作、批评、欣赏、作家、历史等方面的音乐论著,56 讲有关音乐常识的教材,3 部未完成的音乐书稿。

312. 法国文学传播者

傅雷,浦东下沙镇人,字怒安、号怒庵,1908 年 4 月 7 日出生,著名翻译家、文艺评论家。1921 年考入上海徐汇公学。1927 年赴法国留学。1930 年,处女译作《圣扬乔而夫的传说》刊于《华胥社文艺论集》。1931 年回国,受聘于上海美术专科学校,教授美术史及法语。1937 年,译作《约翰·克利斯朵夫》第 1 卷由商务印书馆出版,至 1941 年第 2、3、4 卷全部出版。1950 年代到 1960 年代初主要从事巴尔扎克作品的翻译。1966 年 9 月 3 日,因不堪忍受政治迫害和人身侮辱,与妻子一起自尽。因在翻译巴尔扎克作品方面的卓越贡献,傅雷被法国巴尔扎克研究会吸收为会员。傅雷全部译作由安徽人民出版社编成《傅雷译文集》,从 1981 年起分 15 卷出版发行。傅雷翻译作品共 30 余种,主要为法国文学作品,其中有巴尔扎克的《高老头》《亚尔培·萨伐龙》《欧也妮·葛朗台》《贝姨》《邦斯舅舅》《夏倍上校》《奥诺丽纳》《禁治产》《于絮尔·弥罗埃》《赛查·皮罗多盛衰记》《搅水女人》《都尔的本堂神父》

《比哀兰德》《幻灭》,罗曼·罗兰的《约翰·克利斯朵夫》《贝多芬传》《米开朗琪罗传》《托尔斯泰传》,伏尔泰的《老实人》《天真汉》《如此世界》《查第格》,梅里美的《嘉尔曼》和丹纳的《艺术哲学》,另外还有英国罗素的《幸福之路》等,其心灵之声《傅雷家书》更是家喻户晓。

313. 流行歌仙陈歌辛

陈歌辛,浦东北蔡镇杨桥村人,1914 年 9 月 19 日出生,著名流行歌曲作曲家,人称"歌仙"。早年从格致中学毕业,短暂跟随德籍犹太音乐家弗兰克尔学习音乐基础理论和声乐、钢琴、作曲、指挥。1932 年后,在上海洋泾中学、复旦附中等任音乐教师,并从事流行歌曲创作。抗日战争时期创作了《春之消息》组歌、《渡过这冷的冬天》《不准敌人通过》等歌曲,其间遭逮捕,关押进极斯菲尔路 76 号汪伪特务机关。1946 年,赴香港投奔夏衍。1950 年返回上海,任昆仑电影制片厂作曲。1957 年在反右运动中被打成"右派",送往安徽白茅岭农场劳动。1961 年 1 月 25日,在饥寒交迫中死于当地。1979 年获平反昭雪。一生创作歌曲近200 首,其中《玫瑰玫瑰我爱你》《蔷薇蔷薇处处开》《渔家女》《恭喜,恭喜》《夜上海》《小小洞房》《初恋女》《凤凰于飞》等歌曲,至今仍在中国及海外盛唱不衰;为 60 多部电影作曲,其中有《控告》《中国的囚歌》《人民巨掌》《两家春》《为孩子们祝福》等。

314. 名人辈出内史第

内史第是一座典型的江南三进二层院落,位于川沙镇新川路,为清咸丰九年(1859 年)举人沈树镛祖上所建。沈树镛任内阁中书后,沈宅称之"内史第"。沈树镛为清末碑帖收藏大家,被誉为"江南第一人"。1878 年 10 月 1 日,黄炎培在此诞生、日后成为新中国政务院副总理、全国人大常务委员会副委员长,并育子——中国著名水利专家黄万里。1890 年,宋耀如夫妇传教借住川沙内史第。《川沙县志》在倪桂珍传中记载:"婚后随宋氏去昆山布道。十五年同回上海。次年举家迁川沙城,赁屋于内史第西侧(今城厢镇南市街、新川路交岔口),在此办福音堂。……十九年,倪桂珍生女庆龄,后又生美龄。二女幼时曾先后在其家附近诸氏私塾(业师诸其耀,字文伯)、沈氏门馆(业师朱元襄,字佐尧,三王庙人)就读。光绪三十年,全家迁上海江湾。"自此,光绪十六年到光绪三十年,宋家在内史第整整居住了 14 年。1900 年,沈树镛子沈毓庆在内史第开设经记毛巾厂,成为浦东川沙毛巾工业的发端。1904 年 3 月,中国著名现代音乐教育家黄自在内史第出生。1913 年,沪上著名编结大家、黄自之胞妹黄培英出生于此。

内史第设有"黄炎培生平陈列室""宋氏家族居住地"等展室。

315. 川沙胡适第二家

中国著名学者胡适在他的自传中写道:我家一百五十年前,原是一家小茶商。曾在上海附近一个叫川沙的小镇,经营一家小茶叶店。高祖时,又在川沙开了一家支店。祖父时,从川沙本店拨款,在上海华界(城区)又开了另一个支店。在汉口还开了一爿"两仪酒店"。胡适又在自传中说:"我生于光绪十七年十一月十七日(1891 年 12 月 17 日)。那时我家寄住在上海大东门外。我生后两个月,我父亲被台湾巡抚邵又濂奏调往台湾。……我父亲于十八年二月底往台湾。我母亲和我搬到川沙住了一年。"

胡适对川沙有着深厚的感情。光绪三十四年(1908 年)16 岁的胡适在《竞业旬报》第三十四期上发表了颂扬上海现代建筑业领袖人物、川沙人杨斯盛的文章——《中国第一伟人杨斯盛传》:"这人姓杨,名斯盛,字锦春,是江苏川沙厅人氏。从小父母双亡,无力读书。不但无力读书,差不多连饭都没得吃了。后来只好做一个泥水匠。……杨斯盛先生有几种本事:第一样天资极高,他原是没有读过书的,后来不但能读中国书,并且能说英国话了。第二样见识甚好,办事极有决断。有了这二种本事,办事自然容易,再加以一种坚忍的气概,独立的精神,自然天下无难事了。于是乎不上三十年中,杨斯盛已成了大富翁了。"

1917 年 7 月 10 日上午 11 时,胡适在美留学 7 年、取得博士学位后,在上海十六铺码头踏上了祖国的土地。第二日(1917 年 7 月 11 日),还未拂去漂洋过海的旅途劳顿,胡适又从十六铺码头搭上驶往川沙的小火轮班船。从中可以看出川沙已成为胡适的第二故乡。

316. 江亚船长沈达才

沈达才,浦东川沙人。1902 年,出生于川沙对面街沈家宅。1924年 9 月起,在吴淞(江苏省立)水产学校航海专业学习,1927 年 1 月毕业。1928 年在营口毓大行敏通轮任二副。翌年 4 月起,先后在上海公济公司任时和轮、合众公司海州轮和徐州轮任大副。1934 年 10 月起,先后在母佑轮、裕兴轮、大生轮、安东轮、江定轮任船长。抗日战争爆发,回到家乡,在川沙镇设店经营维持生计。抗日战争胜利后,沈达才进入招商局任江亚轮船长。

1948 年 12 月 3 日下午 4 时,江亚轮像往常一样从上海港启航驶往宁波。6 点 30 分左右到达川沙白龙港外的铜沙洋面时,突然船底传出两声巨人的爆炸声,不到十分钟,江亚轮就沉没在冰冷的海水中,只露出驾驶室顶棚、桅杆和烟囱。江亚轮遇难人数超过 2 300 人(有说 3 000 多人），成为迄今为止世界上和平时期死亡人数最多的海难事件之一。

江亚轮海难后，沈达才出任招商局香港公司所属登禹轮船长。1950年，沈参与香港轮船招商局起义。10月20日，登禹轮从香港启航，途中冲破国民党敌特组织的重重阻挠，胜利驶入广州港。11月15日，周恩来总理发来贺电，祝贺起义成功，嘉勉全体起义人员。

1955年11月起，沈达才在上海海运局任和平4号轮、建设9号轮船长，往来于上海至大连的海运线上。1962年7月，沈达才退休（后享受局级离休待遇），寓居川沙镇南市街44号（今76号，与内史第相对）。1996年9月沈达才去世，享年94岁。

317. 留美幼童曹吉福

曹吉福川沙县高昌乡人。清同治十年（1872年），清政府选派第一批30名幼童赴美留学，曹为其中之一，那年他才13岁，同行者有日后成为中国铁路之父的詹天佑、江南制造局帮办（副厂长）牛尚周、北洋大学校长蔡绍基等。曹吉福留美回国后，最初任职上海电报局，后任上海英国按察司文案。其时英国按察使为皇家律师威金生，自得曹吉福为文案起，宾主相适，遂以文案终其身。曹享年仅五十五岁，留下三女一子。

长女惠英嫁于倪锡纯。倪曾任晚清重臣盛宣怀的私人秘书和汉冶萍煤铁厂矿公司商务所所长，为宋庆龄亲舅父。

二女秀英，嫁于中国近代医学教育家、上海医科大学和中山医院创办者颜福庆。

三女美英，嫁给外交家史悠明。史历任中国政府驻纽约、巴拿马、秘鲁等公使馆的总领事、一等秘书和临时代办等职。史悠明幼子史久光为中国石油开采事业贡献甚多，任职克拉玛依油田和大庆油田，是大庆会战著名的八大专家之一。

子霖生,追随父亲足迹,于1911年入哈特福德高中就读,后转入美国著名的塔夫特学校。1916年9月进入西点军校,1918年11月提前毕业,在短期担任中国使馆武官之后回国。在第一次世界大战后的巴黎和谈中,徐世昌的北洋政府派出以陆徵祥为首,顾维钧、施肇基为辅的代表团。孙中山的广州革命政府亦应徐世昌邀请派遣王正廷为代表、霖生为代表团秘书长参与和谈。1922年至1926年任清华体育系主任,后又担任张作霖军事顾问。1928年后弃政从商,1949年迁居香港,后至澳门从事教育事业,在当地开办霖生学院。霖生先生有一子二女,子名又霖,任复旦大学英语教师。

位于城隍庙九曲桥旁的李平书塑像

胡适发表《中国第一伟人杨斯盛传》的《竞业旬报》

首批留美幼童在轮船招商总局前合影,其中有曹吉福、牛尚周、詹天佑

出席典礼的仪仗队从上海市区出发,前往高桥杜家祠堂

318. 家世显赫数倪氏

浦东倪氏家族祖辈为安徽桐城人。清康熙五十年(1711 年)受"《南山集》案"株连,被遣送至浙江,在鄞县海滨业鱼。一次船至川沙白龙港外捕鱼时,遇台风倾覆,全家侥幸脱险上岸后务农。从此定居于川沙城东北侧居住,后称之倪家宅。后人至倪为堂生子女 3 人。长子蕴山(1835—1889 年),次子嗣于张姓,幼女嫁于蔡氏。蕴山妻子徐氏,为上海徐光启后人。后蕴山迁入川沙城内中市街,以制鞋为业,继在上海盆汤街设鞋铺。之后又改业为外国教士烧西菜。约于同治八年(1869年)入耶稣教,不久升任牧师,在上海、南汇、川沙、宝山等处布道。蕴山生子女十人,长子锡令,为牧师。二女桂金,嫁牛尚周(字文卿,与曹吉福同为第一批留美幼童,曾任江南制造总局帮办)。三女桂珍,嫁宋耀如,生霭

龄、庆龄、美龄、子文等。第七子,锡纯(1880—1933 年)曾任设于上海的汉冶萍煤铁厂矿公司商务所所长,娶曹吉福长女惠英。九女秀珍,嫁温秉忠(亦为留美幼童,曾任苏州海关监督)。余皆早逝。

319. 八业公所鲁班殿

1888 年在川沙镇北种德寺内,川沙工匠们集合水、木、石、雕、圆、方、锯、小木八业,成立了上海市郊第一个建筑行业组织"八业公所",并在寺内大殿供奉祖师爷鲁班塑像。此后数十年,川沙建筑工匠们在上海滩大显身手,创造出辉煌的业绩。

1947 年 12 月 21 日,位于上海南市区硝皮弄的鲁班殿内,沪上建筑界举行隆重的先贤入祠大典。在近代上海建筑业中四位卓有成就的先驱者牌位,被恭恭敬敬地请入大殿,与祖师爷鲁班共享人间烟火。他们分别是浦东川沙人杨斯盛(详见前文)、顾兰洲、张效良以及浦东南汇周浦人江裕生。

顾兰洲创办的顾兰记营造厂,先后承建上海英国领事馆、英商怡和洋行和上海南京东路上的先施公司。1911 年,张效良当选为上海水木公所董事长,主要承建工程有中汇银行大厦、东方旅社(市工人文化宫)、大上海电影院、广慈医院(瑞金医院)、模范村住宅群、公和祥码头等。江裕生创办江裕记营造厂,先后承建外滩德国总会、德华银行、大北电报公司、公济医院等。

320. 是是非非张阿六

张惠芳又名张阿六(阿六之称胜过大名惠芳),浦东顾路人。1905 年出生,幼年父母早亡。6 岁时,过继给舅父龚金荣。14 岁随叔父学做泥瓦匠。因与人合伙贩卖私盐而坐牢。1937 年,中日淞沪会战爆发,张阿六见有机可乘,打起抗日旗号,纠集五六十人组织起别动队,自任大队长。1938 年 5 月,日军入侵川沙,张阿六抓住机会,收编其残部,扩充了自己的实力,自封为"奉南川三县总司令"。1939 年秋,国民党军统组织将张阿六所部改编为"忠义救国军独立第一支队",不久改称"忠义救国军海上游击支队",任命张为司令。

1943 年春末,张阿六与爆破组组长葛绍基制定了偷袭日军大场机场的行动计划,并且电告重庆军统局局长戴笠,要求提供高性能炸药。11 月 2 日深夜,日军大场机场地动山摇,火光冲天。张阿六部一举炸毁日机四架。1944 年 8 月 27 日深夜,张阿六又指示葛绍基率领一支 12 人爆破队,潜入丁家桥(现月浦)王浜机场实施爆破,炸毁飞机 1 架、汽车 4 辆。除了偷袭机场炸飞机,张阿六部还对日军的战略物资实施破坏,在黄浦江上爆破日军载油船。

1945 年,美军派遣空军援助中国抗战。4 月 2 日,美军飞虎队成员斯诺克姆奉命轰炸日军上海江湾机场。轰炸中,斯诺克姆的飞机不幸被日军炮火击中,跳伞降落浦东高桥地区,被张部营救后,送至舟山,再由美军派飞机接走。仅 1945 年春夏,张阿六所部就先后营救了多名美军飞行员。为此,他受到美军嘉奖,美国政府还授予其将级勋章。

1946 年,张阿六所部改编为交警十八纵队,张任纵队少将副队长,活动于沪宁线上,与共产党为敌。1950 年逃亡台湾。在台湾,张阿六获澎湖舰队中将司令衔,后移居美国。1989 年回乡探亲,表示愿为两岸统一做工作。1990 年,张阿六病逝于美国,终年 85 岁。

321. 海上闻人杜月笙

杜月笙,浦东高桥人,生于 1888 年,早年父母双亡,由舅家收养。

13 岁到上海十六铺水果行当学徒。因与周边不良者为伍，又嗜赌成性，不久被水果行开除。此后加入青帮组织，由于生性机灵，得到黄金荣赏识，成为其亲信。期间逐渐培植自己势力，脱离黄金荣另立门户。1925年成立三鑫公司，垄断法租界鸦片买卖，遂与黄金荣、张啸林并称"上海滩三大亨"。

通过贩卖鸦片、开设赌场等非法活动，杜聚敛大量钱财，又以此不义之财笼络各种人物，扩大自己社会声誉和势力。1927年与黄金荣、张啸林组织共进会，为蒋介石策动"四·一二"反革命政变充当打手。是年，在国民政府中任陆海空军总司令部顾问、军事委员会少将参议和行政院参议，在法租界任临时华董顾问（后任华董）。1932年组织恒社，向社会各层面渗透。抗日战争时间，参与抗日活动，组织各类物资支援前线。曾从荷兰进口 1 000 具防毒面具，赠送八路军。上海沦陷后，迁居香港，时任中国红十字会副会长、赈济委员会常务委员和上海党政统一工作委员会主任委员，从事情报收集、策划暗杀汉奸等活动。1940年组织人民行动委员会，成为中国帮会龙头老大。太平洋战争爆发后，迁居重庆建立恒社总社，向大后方发展势力，成立中华贸易信托公司、通济公司等，与沦陷区交换物资。抗日战争胜利后回到上海，向工商、金融、交通、文化、教育、新闻等领域发展，先后任董事长、理事长、会长、常务董事等职。1948年参加国民政府召开的"行宪国大"。1949年迁居香港，1951年8月16日病逝。

322. 杜家祠堂落成记

1930年春，"上海滩三大亨"之一杜月笙在家乡（今高东镇陈家墩）破土动工兴建杜家祠堂。第二年5月落成。祠堂占地50亩，整个建筑为五开间三进深，第三进为正厅，第二进为供奉杜氏列祖列宗牌位之所。大门两旁雄踞一对高 1.7 米的石狮子。

1931 年 6 月初,杜祠落成典礼举行,一时惊动朝野,成为上海滩最大新闻,大小报纸连篇累牍争相报道。政界要人、社会名流和租界内外官商,纷纷前往祝贺。蒋介石除以总司令名义,相送"孝思不匮"匾额外,还以"主席"之名赠送祝词一幅,并派杨虎到场宣读。国民党元老于右任亲书"源远流长"匾额相赠。张学良与吴佩孚则分别送上"见义勇为""武威世承"匾额。段祺瑞和当时的班禅等也不甘落后,赠送祝贺匾额。连远在边陲的新疆省主席金树仁也赶来参加。可想而知,参加杜家祠堂祝贺者所涉及的人脉有多广,影响有多远。

那几日,杜祠门前耸立五层楼高彩色牌楼,四周临时搭盖起 100 多间棚舍,里面可以设宴 200 余席。因为来宾超过 1 万人,宴席分成数次开席。用于应酬的上乘烟膏达八千两。据传,3 天之中共耗银 60 万两。

入祠典礼持续三天。三天中,在杜祠日夜开演 6 台堂会戏,节目全部为京剧。1930 年代,正是京剧黄金时代。"四大名旦""四大坤旦"、老生各个流派的创始人和代表人如马连良、言菊朋、谭富英等都被邀请前来助兴,加上上海的名演员和名票友,3 天 6 台戏,所谓"人间难得几回闻,好戏尽在杜家祠"。

附　　录

留美幼童在浦东

1956年1月,毛泽东主席在北京接见并宴请全国的知识分子代表。上海代表颜福庆被有意安排在毛泽东身边就座。席间,毛泽东对身边的颜福庆说:"三十年前,我在湖南湘雅医院的时候就认识了你。"颜福庆大吃一惊:"我怎么一点印象都没有?""当时你是大名鼎鼎的大学校长,我还是一个无名小卒。"毛风趣地说,"在你院长室旁边的一幢房子里,门口挂了一块牌子,写着'马列主义研究小组',我当时经常朝这房间里走,在里面搞活动。"

毛泽东兴趣勃勃地回忆起当年他编辑《新湖南》《湘江评论》就在颜福庆当院长的湘雅医院内。

那时的某一天,助手进来告诉正在办公的颜福庆,有位姓毛的青年要见颜院长,这位青年的妻子刚生了孩子,得了妇科病,需要住院,但是没有钱,所以请求院长帮忙,希望给予免费治疗。当时湘雅医院设有免费病床,但需院长批准。颜福庆答应了青年的请求,未收分文,治好了他妻子杨开慧的病。

这是颜福庆在湖南长沙创办湘雅医院所经历的一件小事,而这位青年也是他无数病人中的一个,自然不会记得。

颜氏在上海颇具名气。颜福庆为颜氏三杰①之一,1910年毕业于

---

① 颜惠庆(1877—1950年),颜氏三杰之一。早年毕业于上海同文馆,后赴美国弗吉尼亚大学留学。回国后任圣约翰大学英文教授、商务印书馆编辑、清政府驻美使馆参赞。1912年,任北洋政府外交次长。1913年出任驻德国公使,后调任驻丹麦、瑞典等国公使。1920年,任北京政府外交总长,次年改任内务总长。1926年春,任国务总理并摄行总统职务。1931年任中国驻美国公使。1933年,任中国驻苏联大使。

颜德庆(1878—1942年),颜氏三杰之一,颜惠庆弟。1895年,随胞兄颜惠庆一同前往美国留学,就读于理海大学,主修铁道工程学。1901年获工程硕士学位。回国后,担任粤汉铁路及川汉铁路工程师。1922年任中国接收铁路委员长,协助鲁案善后督办王正廷接管胶济铁路,签署《山东悬案铁路细目协定》。后任胶济铁路管理委员会委员长。

美国耶鲁大学医学院，获博士学位，是中国著名的医学教育家、公共卫生学家、中华医学会创始人之一。先后创办湖南湘雅医学院和湘雅医院、上海医科大学、中山医院、上海第一肺科医院，并与中国红十字会订约合作上海医科大学附属华山医院。

一

颜福庆又是浦东人的女婿，岳父大名曹吉福。

有关曹吉福的事迹，在 1990 年上海人民出版社出版的新编《川沙县志》大事记里有如下记述："同治十一年（1872 年）七月（农历七月），高昌乡少年曹吉福公费赴美国留学，为川沙出国留学第一人。"

经考证，曹吉福即为美国耶鲁大学第一位中国毕业生容闳所极力倡导，最终得到两江总督曾国藩、北洋大臣李鸿章支持的中国第一批公费留学美国的学生之一。当时赴美留学者年龄大都在 12 岁至 14 岁之间，故史称留美幼童。

第一批留美幼童中广东孩子居绝大部分，其中最具影响力和知名度的自然是日后成为中国铁路之父的詹天佑。作为留美幼童的发起地江苏仅有三人，且居住地都位于今日上海市的行政区域内，而川沙——一个清王朝的末等小县（建立仅 62 年，时称抚民厅），在中国近代对外文化教育交流史上却不居于人后，首批江苏三人中就占有其一。留美幼童共计 120 人，先后分四批赴美求学。根据现在掌握的资料，原川沙县范围内，除首批的曹吉福外，另有两名留美幼童。一为原川沙县高昌乡（顾路乡安基村安基陆家宅）人陆德彰，是为第四批留美幼童。光绪七年从美回国，在大沽口研究水雷战术。光绪十一年始，充任上海各报英文访员，后任海关办事员。光绪三十四年，署理海关监督，兼任统计科副文案。据民国《川沙县志》记，陆曾任松江电报局局长。另一为原川沙县洋泾乡源深村人沈寿昌，亦为第四批留美幼童，清末北洋海军爱国将领。光绪七年从美归国，入北洋水师学堂，后至北洋海军服役，任济远舰帮带(副舰长)兼领大副。光绪二十年六月二十七日,于朝鲜牙山口外丰岛海域遭日本舰队围攻,由此甲午战争爆发。沈寿昌忠于职守,冒炮火立于望台指挥发炮,击伤日舰两艘。沈头部被弹片击中,当即阵亡,年仅32岁。

1872年8月11日,载着清政府派遣的第一批30名留美幼童的蒸汽轮,从上海港出发,驶向太平洋东岸的美利坚合众国。在这艘船上,还有来自嘉定的牛尚周,年仅11岁。谁能料到若干年后就是这位牛老弟与川沙倪家(宋庆龄外婆家)的联姻,从而改变了某些人的命运,甚至影响了中国近现代史。

挥手兹去,漂洋过海行程三万二千里,历时65天幼童之船抵达美国旧金山。登岸后,从旧金山乘火车至康涅狄格州首府哈特福特,又费时近10日。在一个30人的小范围内,日夜相处七八十天,又怀揣着共同目标,同坐着一条船、一列车。试问川沙的曹吉福与嘉定的牛尚周岂能不相见相识!然而是否一见如故、志趣相投,我们不能妄下判断。

二

幸好,民国《川沙县志》为探究牛、曹的关系,也为我们的丰富联想提供了较为有利的佐证。

倪氏其先安徽桐城人。清康熙五十年(1711年)受"《南山集》案"株连,被遣至浙江,遂于鄞县海滨业鱼。尝至川沙白龙港外海中捕鱼,船遇台风覆没,举家脱险上岸,即务农。自此定居于川沙城东北侧,后称倪家宅。至倪为堂,已不知几世。为堂生子女3个。长子蕴山(1835—1889年),次子嗣于张姓,幼女嫁于蔡氏。蕴山妻徐氏,迁川沙城东中市街。蕴山曾入私塾就学,后在城中业制鞋。继在上海盆汤街设鞋铺,后又改事为外国教士烧番菜。约于同治八年(1869年)入耶稣教,寻升牧师,在上海、南汇、川沙、宝山等处布道。生子女十人,长子锡令,牧师。二女桂金,嫁牛尚周(字文卿,曾任江南制造总局帮办)。三女桂珍,嫁宋耀如,生女庆龄等。第七为子,锡纯(1880—1933年)曾任设于上海的汉冶萍煤铁厂矿公司商务所所长。女秀珍,行九,嫁温秉忠(曾任苏州海关监督)。余皆早逝。

曹吉福,字吉甫,高昌乡人。清同治十年,江督曾国藩第一批选派幼童三十名赴美留学,吉福其一也。在美学习法律,毕业回国,初任上海电报局职务,后任上海英国按察署文案。其时英按察使为皇家律师威金生,自得吉福为文案,宾主相得,遂以文案终其身焉。生三女,长适上海颜福庆博士,其三适本邑倪锡纯硕士;养子一,霖生,亦留学美国,习陆军。

从上述两段文字中,可以清楚地看到,曹吉福、牛尚周与倪家联姻的事实。曹吉福与倪家结成儿女亲家,曹家三女嫁于倪蕴山之子倪锡纯。[①] 牛尚周、宋耀如、温秉忠(第二批留美幼童)分别娶倪家二女儿桂金、三女儿桂珍、九女儿秀珍为妻。围绕倪宋两家、围绕川沙内史第,已有三位留美幼童与倪家联姻。世界如此之大,漂洋三万二千里赴美,历时十余年三人先后回国,他们或他们的儿女婚姻竟神奇般地与川沙的同一个家庭产生交集。是巧合,还是因为同坐过一条船、一列车,远赴同一个国家求学的经历和相同的价值观使之然,抑或是19世纪末的浦东川沙大地已能吸引留美归来的游子? 笔者不能肯定地回答。但是一个不争的事实摆在我们面前:如果没有选派留美幼童之举,没有牛、曹

---

① 倪锡纯(1880—1933年),幼入基督教,受洗礼,恪守教义。毕业于圣约翰大学后,应江督招生留学之试,以官费留美。先后入耶鲁大学土木工程专业学习,获学士位。后在宾夕法尼亚大学铁道管理专业及雪拉科斯夫大学桥梁建筑工程专业学习,均获硕士学位。归国后,受聘于在沪的汉冶萍煤铁厂矿公司任商务所所长。倪一生天性淡泊,品德高尚,虽然戚属多显贵,仍无意仕途。

同为中国首批赴美学子,那么三位留美幼童共同与浦东川沙倪家联姻的几率肯定微乎其微。更不会有宋倪的秦晋之好,继之入住内史第的故事。

三

有关资料称牛尚周是一位伟大的"男红娘"。是他,撮合了中国近代史上一对极重要的婚姻——宋耀如和倪桂珍相结合。这对恩爱夫妻,生下了宋霭龄、宋庆龄、宋子文、宋美龄、宋子良、宋子安6位重要人物,造就了中国近现代史上的"宋家王朝"。

早在美国留学时,几位留美幼童常常来到宋耀如的堂舅兼养父开的丝茶店购买生活用品。接触多了,牛尚周和温秉忠与店员宋耀如成为好朋友。牛、温两人常劝宋找机会到学校念书,将来回国容易找到理想职业。在他们的鼓动下,宋耀如不愿再当店员,可是堂舅不同意。后来几经周折,宋终于如愿来到北卡州的三一学院进修。一年后,转学至田纳西州的范德比特大学神学院。三年后(1885年),宋耀如毕业。此时,该校校长马克谛耶主教正担任上海美国南方卫理工会布道团的负责人,他要宋回国后到上海传教。于是1886年1月,宋抵达上海。

在上海头几年,宋耀如在中国人眼里,是穿洋装说洋话的外国人;在美国人眼里,是黄皮肤黑头发的矮个子中国人。所以小孩叫他"洋鬼子",大人则叫他"小矮子"。那段日子,宋耀如人地生疏,情绪低落,生活中有着太多的不如意。在布道团里,只拿15元薪水,美国人瞧不起他,自然也不愿带着他传道。

正在他感到前途渺茫之时,牛尚周像救星一般出现在他前面。昔日的朋友牛尚周已经从美国回到上海,开初在电报局任职,现在已是江南制造总局的帮办,并且结婚成家。无巧不成书,宋的另一位朋友温秉忠亦娶妻于倪家。牛、温俩人由表兄弟而成为连襟(有史料说牛、温是表兄弟关系)。温秉忠,一位不可小觑的人物。温氏祖籍广东,生于上海。父亲温清溪是基督教会中的名人,亦是道济会堂、公理会和礼贤会的创办人。从美国回来后,温先后出任北京海关总局负责人、苏州海关监督等职务和两江总督端方的幕僚,官至清政府二品大员,还是受慈禧信任的教育官员,曾两次率团访问美国,是他将宋庆龄、宋美龄姐妹俩带到美国留学。

重逢之后,牛尚周逐渐知道了宋耀如的现状。牛比宋长四岁,十分理解他的处境,也相信他的潜力,决定帮他先组建家庭,从而改变其处境。牛尚周与妻子商量后要把 19 岁的姨妹倪桂珍介绍给宋耀如。封建的中国,女子从小缠足,然而三小姐桂珍一缠足便发高烧,于是倪母便不再强求三小姐缠足。可是在那个年代大脚是女子找夫家的绊脚石。桂珍爱读书,5 岁习汉字,8 岁上女校,14 岁进入上海培文女子中学,17 岁中学毕业。在女婿的极力劝说下,倪家同意了这门亲事。1887年,宋耀如与倪桂珍成婚。

婚后,宋耀如带着新娘倪桂珍前往昆山布道。1890 年,宋氏夫妇迁往川沙城借住内史第。今日内史第所展出的音像资料中还保存着宋庆龄回忆童年时代在内史第的生活故事(宋庆龄眼角处伤疤的来历)。新中国《川沙县志》也在倪桂珍传中记载:

> ……婚后随宋氏去昆山布道。十五年同回上海。次年举家迁川沙城,赁屋于内史第西侧(今城厢镇南市街、新川路交岔口),在此办福音堂。……十九年,倪桂珍生女庆龄,后又生美龄。二女幼时曾先后在其家附近诸氏私塾(业师诸其耀,字文伯)、沈氏门馆(业师朱元襄,字佐尧,三王庙人)就读。光绪三十年,全家迁上海江湾。

自此,光绪十六年到光绪三十年,宋家在内史第整整居住了 14 年。

通过婚姻,传教士宋耀如就此跻身上层社会,有了良好的人际关系,外加一份丰厚的陪嫁,这一切正是他在上海打拼所急需的。在以后的一段日子里,加上宋耀如的个人能力和倪桂珍的"帮夫""助夫"以及与孙中山、蒋介石、孔祥熙的联姻,宋家一跃成为中国 20 世纪上半叶数一数二的家庭。

可以这样认为,倪氏家族是宋氏向上攀登至"宋家王朝"的第一个台阶。

四

历史,往往由诸多的偶然事件所组成。内史第也在偶然中,牵扯上了黄家、宋家、倪家、胡家①等几多名门望族。

偶然中,孩提时代的牛尚周与曹吉福同乘一条轮船赴美留学;偶然中,牛尚周、温秉忠在异国他乡与宋耀如结为朋友;偶然中,曹吉福的女儿嫁给了倪家,而倪家的两位女婿又与曹同是留美幼童。再扯开去,偶然中,曹的又一女儿嫁于闻名于上海滩的颜氏三杰之一的颜福庆。然而,许许多多的偶然蕴含着其中的必然。

上述家族大多信奉基督教,就是当时不信西教的黄家,也与基督教有着一份至深的关系。1903 年黄炎培在浦东新场进行反清演讲,遭清政府拘捕并将杀头之时,正是有基督教上海总牧师步惠廉的鼎力相救才得以脱险。共同的宗教信仰、相同的留学文化背景,使他们聚集在一起。家族与家庭之间的联姻,使他们之间的关系更加紧密,更为巩固。

今天,官方或民间将川沙内史第定义为中国传统文化在浦东的标志和象征。

今天,我们是否还可以说,川沙内史第是中国传统文化在浦东的转向点、中西文化的交融点?

---

① 胡适祖上在川沙镇开设胡万和茶庄,其时因遭火焚,一度曾借居于内史第。

陆家嘴的传说

这个传说不知发生在何年何月,至少也有几百年了吧。

黄浦江东岸有个叫烂泥渡的渡口,撑摆渡船的是一位姓陆的姑娘,身材高挑,聪明伶俐,讨人喜欢。渡口一里外有个庄家宅,住着一位书生,以教授学生为生。

有一天书生应朋友之邀,过江去浦西赴约。来到渡口,只见姑娘秀发飘逸,手持双桨,貌美如花,在丽日的辉映下,好似芙蓉出水。书生顿生爱慕之心。

上岸之时,书生拿出一锭银子作为摆渡钱。姑娘说:"只要三十文就够了。"书生豪爽地说:"余钱赠与姑娘。"姑娘对银子看了一眼道:"祖传银子,有何稀罕,就是堆成银山,我也看不上眼。""请问姑娘,这银子一不镌名刻字,二不雕花作记,你怎么知道是我家祖传?"姑娘回答:"世上万物数银子最有灵性,我家有祖传验银法,只要把银子往水里一丢,它就会告诉我来龙去脉。"书生不信,就将银子抛入江中,只见银子入水处,传出一圈又一圈的水纹。姑娘笑着说:"你看,这水波从中间一圈又一圈地往外传,不是在告诉你,你的银子像水波一样,是一代又一代传下来的吗?"书生不由得点头称是:"高见,高见!"

不久,书生向东家借了一锭银子,又来到渡口,想再次试试姑娘的验银法。到了对岸,将银子递给姑娘。姑娘顺手接过,对书生窥视了一眼,又将银子抛入江中。书生急忙说:"这银子并非小生祖传,你又何故抛入水中?"姑娘回答:"借来之物,妄想骗过小女!"书生暗中称奇:"姑娘真神人也。"不过口中还是辩解道:"姑娘不要有辱斯文。"姑娘假装发怒道:"怎么,你忘了我家祖传验法了吗,刚才银子丢入水里,不是听到'咚'的一声吗? 这不就说明银子是你东家的。""就算是东家的,那你怎么知道是借来的?"书生追问。姑娘解释说:"今日八月中秋,又不是冬至年关,你东家怎么会付给你酬金呢?"书生一时被姑娘说得张口结舌,无以对答,心中更加敬重,暗暗发誓,要奋发上进,赚来银子再去求爱。

从此书生白天教书,傍晚帮人挑水劈柴,浑身流了不少汗水,两手磨出了不少水泡。好不容易积攒起一锭银子,又去渡口。书生将银子小心翼翼地交给姑娘,还半真半假地说:"小生这银子,一不是祖传,二不是从东家借来,是我交了好运,从路上捡来的。"姑娘从书生变得粗糙的手中接过银子,笑道:"明明是用自己的汗水、水泡换来的,还要哄骗我。""何以见得?"书生问道。姑娘讲:"不信,还可一试。"此时书生十分心疼:"自己辛辛苦苦赚来的银子又要抛入江中,如何是好?"他眉头一皱,想出一个办法。从自己腰带中抽出一根丝线,扎住银锭。一手捏住线头,在船舷边轻轻将银子抛入水中。银子下沉后不见水波,不闻"咚"声。书生高兴极了:"姑娘啊,这次你的验银法失灵了。"他一个劲地牵动丝线,十分得意。这时从江底泛起水泡,随着牵动丝线上的水也一滴一滴往下滴。姑娘不慌不忙地说:"怎么样,这水泡,这水滴,不就证明你的银子是用汗水和水泡换来的?"书生拊掌叫绝:"姑娘,莫非你是神仙下凡?"姑娘笑道:"我哪里是神仙下凡,不过是平平凡凡的船家女子,只因我侬是邻里乡亲,你那掷银下水、吊银入水的一举一动,明明白白地告诉了我。"听了姑娘的话,书生恍然大悟,说道:"我十年寒窗,反而把人读呆了,不及姑娘机敏灵秀。"说罢,拜倒于地,向姑娘求爱。姑娘见书生一片诚意,举止谈吐无陈腐之气,就答应了。

自此,姑娘的灵巧聪慧,浦江两岸有口皆碑。姑娘又把抛入江中的银子捞了上来,再加上自己的积蓄建造了一座摆渡码头,方便了摆渡船停靠和乘客上下船。过往乘客纷纷称赞姑娘的善举,将渡口称为"陆家嘴",以纪念这位陆家的巧嘴姑娘。

马墩头革故事①

明朝辰光(时候),开国元帅徐达奉命镇守东海盐塘。专门对付拉(在)沿海一带骚扰革(的)东洋宁(日本人)。徐达革元帅府就造拉革龙王庙西隔壁。当地老百姓称伊叫(称它为)徐达宫。徐达宫北面是郁家浜桥,南面是陆家浜桥。徐达叫(派)伊手下人拉两部(座)桥革下塃竖起两块下马石。下马石浪(上)一模一样刻仔(了)十二个字:文官下轿,武官下马,违者当斩。

有一聂(日),勿晓得啥地方来仔一个旗牌官,骑拉马浪向(上面)"腾腾腾"直冲郁家桥。守桥革士兵喊啊(也)来不及,人唠(和)马已经呒没影踪啊哒(了)。守桥革士兵马上去禀报守将。守将徐顺是徐达革猴子(儿子)。听过禀报,火冒八丈,立时三刻(迅速)骑马就追,要去杀脱(杀掉)迭个(这个)眼里没有王法革人。

再刚(讲)伊个旗牌官,话起来(难道说)今朝吃仔个豹子胆哒?哪能(怎么)有介(这样)大个胆?勿是个(不是),只因为今朝(天)有十万火急革军情。要当面禀报元帅。原来,伊手下的人朝(昨)夜头捉着奸细,晓得今朝夜里厢东洋宁要炸开盐塘,偷打军营。过桥革辰光,伊本来想下马。叫啥(这里有"料想不到"的意思)迭匹马就是不肯停夏(下)来。像煞(好像)伊比主人还要急。等得(等到)过仔郁家桥,伊晓得自家革"六斤四两(脑袋)"今朝终归保不住啊哒。不过又一想:吾(我)难(拿)一条命去换几百个东洋宁个命,勿蚀本。想到迭个地方,旗牌官心一横,夹紧马肚皮,跑勒来得个快(跑得快得不得了),一歇歇(时间极短)工夫跑到元帅府。啥人晓得元帅勿勒啦(不在),到罗家宅

① 本文以浦东方言写作,正文有方言处注以普通话。

视察民情去了。伊别转马头，直奔罗家宅，一见到元帅，就难（把）紧急情况一五一十禀报起来。

禀报完毕辰光，徐顺刚巧赶到。徐达抬头一看，今朝猴子革面色铁青，一副杀气腾腾革样子，就问伊革啥事体。徐顺刚（讲）："旗牌官过桥不下马，应当斩首示众。"旗牌官听仔迭个闲话，面色勿不改，当场跪啦地浪向，听候发落。

徐达一向爱护士兵，眼看一个忠心耿耿革军官，就弇能（这样）送命，心里哪能舍得！但是不杀呐，军令如山，今后哪能服众？正啦伊犹豫不定革辰光，只听得"吗，呵呵呵"一声马叫，再一看，旗牌官伊革马已经扑倒拉伊个脚（夏）头。两只铜铃能革（一样）度（大）眼睛，眼泪滚法滚法，落到地浪向。徐达看到迭能个情形，心里厢已经明白，就刚："旗牌官本应斩首示众，不过伊捉拿奸细，速报军情有功，触犯条例是伊革坐骑造成功个，应该杀脱伊革坐骑。"徐达革闲话才刚完，徐顺手起刀落，难旗牌官的马斩成两段。

旗牌官扑到马身浪向号啕大哭。徐达命令手下革人按照有功之臣礼节，难马革尸首隆重安葬。伊还亲自拉葬马个地方，堆起一个坟墩头。后来，此地的老百姓难革坟墩叫马墩头。马墩头（位于今花木街道）渐渐变成革地名，一直流传到今朝。